Inhaltsverzeichnis

PONS

ERSTE HILFE - Schüleraustausch USA UND KANADA

ANKOMMEN & KLARKOMMEN!

von Peter Metschar
Kanada Erweiterung von Irene Ridgway

Ernst Klett Sprachen GmbH
Barcelona • Belgrad • Budapest • Ljubljana • London • Posen • Prag • Sofia • Stuttgart • Zagreb

PONS
ERSTE HILFE - Schüleraustausch
USA UND KANADA

ANKOMMEN & KLARKOMMEN!

von Peter Metschar

unter Mitarbeit von
Marcella-Sabrina Breugl; Kim Kapp; Burak Keklik; Kim Oswald
Kanada Erweiterung und Überarbeitung von Irene Ridgway

Auflage A1 5 4 3 2 1 / 2011 2010 2009 2008

Redaktion: Henrike Wielk, Debby Böhm
Logoentwicklung: Erwin Poell, Heidelberg
Logoüberarbeitung: Sabine Redlin, Ludwigsburg
Layout/Satz: Satzkasten, Dollenbacher & Müller, Stuttgart
Einbandgestaltung: VIER FÜR TEXAS * Ideenwerk, Frankfurt/Main
Druck: Clausen und Bosse, Leck
Printed in Germany
ISBN: 978-3-12-561415-4

Vorwort

Hi!

Bald geht dein Abenteuer Schüleraustausch in den USA oder Kanada los! Die Koffer sind schon gepackt und du bist bestimmt voller Vorfreude, aber vielleicht auch ein wenig nervös. Keine Sorge! Mit PONS Erste Hilfe Schüleraustausch kannst du vor Ort Wichtiges nachschlagen oder dich schon im Vorfeld schlau machen.

In diesem Buch findest du nicht nur Infos zu deinem Gastland, sondern auch viele hilfreiche Redewendungen und Wörter. Wörter, die sehr umgangssprachlich oder obszön sind, haben wir mit einem Sternchen (*) markiert. Diese Wörter solltest du im Normalfall nicht selber benutzen, aber verstehen musst du sie natürlich schon! Bei Wörtern, deren Aussprache dir vielleicht Probleme bereiten könnte, haben wir die Lautschrift hinzugefügt.

Nach jedem Themenblock kannst du auf den Quiz-Seiten dein Wissen anwenden und erweitern. Die Lösungen findest du jeweils in der rechten unteren Ecke. Manche der Fragen sollen dir helfen, ins Gespräch zu kommen oder interessante Dinge selber zu entdecken.

In einem neuen Land und einer anderen Familie wirst du auf Ungewohntes treffen: andere Länder, andere Sitten. Außerdem treffen in den USA und Kanada viele Kulturen aufeinander, was den Alltag sehr spannend macht. Dazu können dann auch ungewohnte Regeln gehören, an die du dich – dir und deiner Gastfamilie zuliebe – halten solltest. Deine Gastfamilie ist ja für dich verantwortlich und muss sich deshalb an bestimmte gesetzliche Vorgaben halten. Wenn du darauf achtest und den PONS Erste Hilfe Schüleraustausch dabei hast, kann ja nichts mehr schief gehen.

Enjoy your visit!

Deine PONS-Redaktion

Falls du Anregungen zu diesem Buch hast, kannst du uns über www.pons.de/schueleraustausch-usa kontaktieren. Unter allen Zuschriften verlosen wir einmal im Jahr 3 iPods und 20 Büchergutscheine à 25,00 EUR.

Wo gehe ich hin?

Ein paar Fakten

Du fährst also in die USA? Dann solltest du auch über das Land Bescheid wissen. In der Schule habt ihr auch schon ausführlich über die USA gesprochen und über die Stadt eurer Austauschschule bekommst du sicher einige Infos von deinen Begleitlehrern. Hier aber noch mal "the bigger picture":

Die USA bestehen aus 50 Bundesstaaten *(states)*, von denen zwei nicht direkt mit dem Kernland *(continental U.S.)* verbunden sind: Hawaii und Alaska. Das gesamte Land umfasst eine Fläche von ca. 9,6 Mio. km^2 und ist nach Russland und Kanada der drittgrößte Staat der Erde. Hauptstadt ist nicht der Staat Washington, sondern die Stadt Washington, die im District of Columbia liegt – deshalb Washington, D.C.

Wenn du in die USA fliegst, wirst du deine Uhr umstellen müssen. Da das Land eine West-Ost-Ausdehnung von ca. 4500 km hat, gibt es vier Zeitzonen, die das Land quasi in Viertel von West nach Ost unterteilen (Pacific Time, Mountain Time, Central Time, Eastern Time).

Im Westen werden die USA durch den Pazifischen Ozean, im Osten durch den Atlantik begrenzt. Im Norden dagegen gibt es Land: Kanada. Und auch im Süden: Mexiko. Dort hat man 2006 einen Grenzzaun gebaut. Aber das ist eine andere Geschichte.

Die Landschaft zwischen diesen vier Grenzen ist sehr abwechslungsreich. Vielleicht wirst du die Gelegenheit haben, dies selber zu entdecken.

Deine Gastfamilie oder dein Austauschpartner können dir sicher vieles über die Region, in die du fährst, erzählen. Frag einfach mal nach.

What's special about this region / city?	Was ist das Besondere an dieser Region / Stadt?
What should I definitely look at while I'm here?	Was muss ich gesehen haben, während ich hier bin?
What are the sights I shouldn't miss?	Welche Sehenswürdigkeiten sollte ich nicht verpassen?

Geschichtlicher Überblick

Die Bundessstaaten haben alle Spitznamen. Dass Arizona der Grand Canyon State genannt wird, ist ja nicht sonderlich überraschend. Aber welcher Staat verbirgt sich hinter Golden State, Evergreen State oder Treasure State? Welchen Spitznamen hat „dein" *state*? Unter www.infoplease.com/ipa/A0854968.html kannst du sie alle nachlesen.

Nun aber ein kurzer Abstecher zurück in der Geschichte: Woher kommen die ganzen Bundesstaaten eigentlich?

Nachdem Amerika entdeckt worden war und in Anlehnung an Amerigo Vespucci seinen Namen erhalten hatte, gab es eigentlich nur die Staaten im östlichen Teil des Landes, die 13 Gründerstaaten *(the 13 colonies)*. Erst im Laufe der Zeit sind mehr ehemalige Kolonien beigetreten, die teilweise auch von den Kolonialmächten abgekauft wurden. Nach Unruhen und Kriegen wurden auch die letzten Staaten den USA zugeführt, wie beispielsweise Kalifornien im Südwesten, das eigentlich mexikanisches Territorium war, nachdem es die spanische Krone als Kolonie besessen hatte. Nach dem Mexikanisch-Amerikanischen-Krieg (1846 – 48) fielen jedoch weite Teile an die USA und der neue Bundesstaat Kalifornien konnte 1850 den USA beitreten. Alaska und Hawaii folgten als letzte der 50 Staaten im Jahr 1959.

50 State Quarters® Program

Die US-Amerikanische Münzanstalt (The United States Mint) bringt von 1999 bis 2008 Sonderprägungen der 25-Cent Münzen *(quarters)* aller Bundesstaaten heraus. Als Beispiel ist rechts die Rückseite des *quarters* von Louisiana abgebildet. Sie zeigt das Gebiet des so genannten Louisiana Purchase, eine Trompete, die für die musikalische Vergangenheit des Bundesstaates steht, sowie einen Pelikan, der der *state bird* von Louisiana ist. Weitere Münzen kannst du dir anschauen unter:

http://www.usmint.gov/mint_programs/index.cfm?action=50_state_quarters_program

Und in den USA kannst du die *quarters* dann sammeln.

Nationalhymne, Flagge

In der Öffentlichkeit ist sie allgegenwärtig – die Flagge der USA (Stars and Stripes) und die Nationalhymne (The Star-Spangled Banner). Anders als bei uns hat man einen sehr natürlichen Umgang mit Nationalstolz. Deshalb ist es nicht verkehrt die Nationalhymne *(national anthem)* – zumindest die erste Strophe – auswendig zu können. Dann kannst du in der Schule bei einer *assembly* (Versammlung aller Schüler) oder im Stadion(!) vor einem Football- oder Baseballspiel *(football / baseball game)* zur Freude deiner Gastgeber schön laut mitsingen.

O say, can you see, by the dawn's early light,
What so proudly we hail'd at the twilight's last gleaming?
Whose broad stripes and bright stars, thro' the perilous fight,
O'er the ramparts we watch'd, were so gallantly streaming?
And the rockets' red glare, the bombs bursting in air,
Gave proof thro' the night that our flag was still there.
O say, does that star-spangled banner yet wave
O'er the land of the free and the home of the brave?

Francis Scott Key, 1814

USA - Sights and Tastes

Die bekannten Städte in den USA ziehen jedes Jahr Touristen aus aller Welt an. In den USA gibt es einige Kulturen zu entdecken, denn das Land ist groß und obwohl es „vereinigt" heißt, musst du manchmal doch überlegen ob du gerade über eine größere Grenze getreten bist.

Schon beim Essen wirst du regionale Unterschiede feststellen können. Jede Gegend hat ihre eigenen Spezialitäten. Zum Beispiel wirst du in New Orleans, in dem Südstaat Louisiana, Creole essen können (das sind Gerichte mit Einflüssen aus Frankreich, Afrika und der Karibik). Die Küche der Staaten an der Nordostküste, die zusammen New England heißen, ist geprägt vom Meer. Dort wirst du auf Spezialitäten wie Muschelsuppe, Hummer, und verschiedene Muschelarten treffen. Im Südwesten wird das Essen von mexikanischen und indianischen Einflüssen bestimmt. Probier mal: Navajo fried bread, burritos, empanadas, tacos.

So unterschiedlich das Essen ist, so unterschiedlich ist auch die Kultur, die man in den Städten der USA antreffen kann. New York City alleine hat fünf völlig unterschiedliche Stadtteile. Kunst wird dort von der Stadt finanziell gefördert, weil New York eben als wichtiger Teil des Global Art Market gesehen wird. Dazu gehören Broadway Theaterstücke, Tanz, die moderne Kunst und Film spielen eine große Rolle.

Mit dem New Yorker Metropolitan Transportation Authority (MTA), eine der weltgrößten und komplexen öffentlichen Verkehrssysteme, kannst du 24-Stunden am Tag mit Bus und Bahn von Manhattan bis The Bronx, Brooklyn, Queens oder Staten Island fahren, um selber diese Vielfalt zu entdecken.

Ein fünfstündiger Flug bringt dich zur anderen Seite des großen Landes, wo du Küstenstädte wie San Diego, Los Angeles, und San Francisco oder Seattle, ganz im Norden, besuchen kannst. An der Westküste wirst du die Menschen als lässig, Musik liebend und naturfreundlich erleben. Das gute Wetter und die Nähe zum Strand fördern Gesundheitstrends wie Yoga oder verschiedene Diättrends, da hier ein starkes Körperbewusstsein vorherrscht.

Redewendungen

How much does a ticket for the subway cost?	Wie viel kostet eine Fahrkarte?
Are you originally from New York?	Bist du ursprünglich aus New York?
I'm on a diet.	Ich mache zurzeit eine Diät.
I'm not eating any fried foods.	Ich esse gerade keine frittierten Sachen.

! Vorsicht. Im AmE ist *subway* die U-Bahn, im BrE bedeutet *subway* Unterführung. Zur Unterführung sagen die Amerikaner *underpass*.

Wörter

no carbs	keine Kohlenhydrate	high in fiber	viele Ballaststoffe
subway	U-Bahn	local cuisine	Regionalgerichte
ticket office / box office	Kartenverkauf	movie theater	Kino
clam chowder	Muschelsuppe	lobsters	Hummer
clams	Venusmuschel	scallops	Jakobsmuschel
mussels	Muscheln		

! Central Park in Manhattan ist der meistbesuchte Park in den USA mit ungefähr 25 Millionen Besucher im Jahr. Er wurde 1857 eröffnet. Hat der Spitzname New Yorks (The Big Apple) etwas mit dem Park zu tun? Versuche herauszufinden, woher der Name kommt.

USA – Weitere Sehenswürdigkeiten

Was zwischen den beiden Küsten liegt, sollte man nicht einfach übergehen. Anhalten lohnt sich! Mitten in der Wüste liegt Las Vegas, Nevada, die bekannteste Spieloase der Welt. Ganz in der Nähe sind The Grand Canyon und Death Valley, zwei der 58 Nationalparks in den USA.

Große und bekannte Städte gibt es auch mittendrin in den Staaten. Du kannst das alte Haus, Graceland, von Elvis Presley in Memphis, Tennessee, besuchen. Chicago, Illinois, bietet eine Großstadtkultur wie New York, mit Gangstergeschichten über Al Capone, Musikern von heute wie Kanye West und dem stadttypischen Essen, Chicago Deep Dish, einer Pizza mit sehr dickem Boden und unglaublich vielen Belägen. Und an der Grenze zu Mexiko, lässt sich New Mexico nicht übersehen, mit noch stark geprägten Einflüssen von Mexiko und den ursprünglichen spanischen Eroberern.

Amerika ist so alt wie der Rest der Welt, aber im großen Unterschied zu Europa können die USA als Land nicht mal 300 Jahre feiern. Sehenswürdigkeiten gibt es natürlich, nur handelt es sich dabei nicht um Kirchen und Schlösser, sondern z. B. um Straßen, wie Route 66 oder The Oregon Trail. Und kulturelle Entwicklungen der USA erobern die ganze Welt.

Weitere Informationen über die Nationalparks der USA findest du hier: www.nps.gov

Redewendungen

How much is the entrance fee / does a ticket cost?	Wie viel kostet der Eintritt?
Where is the tourist information center?	Wo ist das Touristeninformationszentrum?
When does the show start?	Wann beginnt die Vorstellung?

Wörter

downtown	Stadtzentrum
landmarks / sights	Sehenswürdigkeiten
road trip	Rundfahrt
restroom	öffentliche Toilette
bathroom	Toilette / WC zu Hause und bei Freunden

Wo gehe ich hin?

Kanada – ein paar Fakten

So you're off to Canada, eh? Keine schlechte Idee, da Kanada ein vielfältiges Land ist: wilde Tiere, konkurrenzfähige Sportarten, zwei offizielle Sprachen und sehr viel mehr. Kanada's knapp 10 Mio. km² bestehen aus 10 *provinces* und drei *territories*, die, nicht vier sondern, sechs verschiedene Zeitzonen *(time zones)* durchqueren. Die 32 Mio. Einwohner in diesem Land wohnen hauptsächlich in den südlichen zwei Dritteln des Landes.

Der kanadische Unabhängigkeitstag am 1. Juli feiert das British North American Act von 1867 als den ersten Schritt zur Unabhängigkeit. Aber erst 1931, nachdem sich Kanada im Ersten Weltkrieg als organisierte Armee zeigte und britische Truppen in Europa freiwillig unterstützte, wurde die Kolonie offiziell als eigenes Land anerkannt. Trotzdem gilt weiterhin die englische Königin (bzw. der englische König) als Head of State. (Deswegen ist auch die Queen auf den Geldscheinen der kanadischen Dollar abgebildet.)

Die zwei offiziellen Sprachen Kanadas sind französisch und englisch. Obwohl nur 22 Prozent der Kanadier französisch als Muttersprache angeben und ca. 68 Prozent zu Hause englisch sprechen, werden beide als gleichberechtigte offizielle Sprachen anerkannt. Das Canadian English entspricht größtenteils dem amerikanischen Englisch: Wörter und Redewendungen unterscheiden sich fast nicht. Nur in der Schreibweise, zum Beispiel wie bei Kilometre, gibt es Unterschiede. Manche Leute sagen, die Aussprache ist wie American English und die Rechtschreibung wie British English.

Der Süden Kanadas teilt sich mit den USA eine Grenze von ca. 8900 km Länge. Der Rest des Landes wird von Wasser umrahmt und führt dazu, dass Kanada die längste Küste der Welt und dieses Motto hat: From Sea to Sea. Aber Kanada hat mehr als nur Wasser zu bieten! Vielleicht hast du schon den Begriff The Greatest Outdoor Show on Earth gehört, oder kennst ein paar der 43 Nationalparks.

Kanada – Sehenswürdigkeiten

Am Besten legst du gleich los mit deinem Touristenprogramm, denn es gibt in Kanada viel zu sehen. Du wirst dort die Kultur durch Sport, die Natur oder unterschiedliche Sehenswürdigkeiten erleben können. Vielleicht machst du auch nur während deines USA Aufenthaltes einen Kurzausflug nach Kanada. Deine Gastfamilie hat dann sicher schon ein tolles Programm zusammengestellt.

Dir werden immer wieder hohe, kunstvoll geschnitzte Holzpfähle *(totem poles)* auffallen: Diese stellen oft übereinander stehende Holztiere dar und erzählen Geschichten aus den Mythen des Landes. Anders als in den USA, wo die Indianer Native Americans genannt werden, ist die offizielle Bezeichnung für die Ureinwohner Kanadas Aboriginal Peoples. Allerdings wird auch der Begriff First Nations überall benutzt. In jeder Ecke des großen Landes findest du etwas über diese alte Kultur: Museen – wie das Museum of Anthropology in Vancouver – und Events – wie das Winnipeg Aboriginal Film and Video Festival in Manitoba.

Was noch zur Geschichte gehört ist natürlich auch French Canada. In Québec und Teilen der anderen östlichen Provinzen gibt es Sehenswürdigkeiten, die an die ersten Einwanderer aus Frankreich erinnern. Solltest du zum Beispiel in der Nähe von West Pubnico, Nova Scotia, sein, könntest du das Historic Acadian Village of Nova Scotia besuchen und dort die allererste Siedlung von 1604 anschauen – nachgebaut natürlich.

Kanada bietet stolze sechs World Heritage Cultural Sites (Weltkulturdenkmäler). Eines davon kannst du auf der Prince Edward Island besuchen. Dort gibt es eine alte Farm namens Green Gables, der Schauplatz des bekannten Buches von L.M. Montgomery, Anne of Green Gables.

Sport spielt auch eine wichtige Rolle in Kanada, denn dort wurde Lacrosse erfunden. Lacrosse wird ähnlich wie Handball gespielt, nur ist der Ball kleiner und wird mit einen Netz am Ende eines Stocks gefangen und dann weiter geworfen. Allerdings muss sich Lacrosse inzwischen den Titel als Nationalsport mit Ice Hockey teilen. Nichts für dich? Es gibt natürlich noch viele andere beliebte Sportarten, wie das Wandern in den vielen Nationalparks oder Winter Sport in Whistler.

Redewendungen

Weitere interessante Fakten über dein Gastland kannst du bald selbst herausfinden, z. B. könntest du fragen:

Where does the name Canada come from?	Wo kommt der Name Kanada eigentlich her?
Are there bears in this area?	Gibt es hier Bären?
Where can I learn about the aboriginal groups of this area?	Wo kann ich etwas über die Einheimischen dieser Gegend lernen?

Kanada – National Parks

Die Vielseitigkeit der Natur kannst du leicht entdecken, denn in diesem Land gibt es Inseln, Seen, Berge, Wasserfälle (wie die bekannten Niagara Falls) und weitere 43 Nationalparks! Der Waterton-Glacier International Peace Park ist einer der bestbesuchten Nationalparks, weil er sich über beide Länder (USA und Kanada) erstreckt. Du wirst auch Tiere aus der Nähe erleben können: *whales, polar bears, buffalo* oder *blue heron*. Ganz alte Tiere gibt es noch zu sehen in dem Dinosaur Provincial Park.

Wie die Cowboys und Cowgirls mit Tieren umgehen kannst du im Sommer in Calgary erleben bei der Calgary Stampede, dem größten Rodeo der Welt! Wenn du in der Gegend bist, solltest du die Show nicht verpassen.

Eine deutsche Seite mit weiteren Sehenswürdigkeiten gibt es unter: www.kanada-entdecker.de

Redewendungen

When is the next guided tour?	Wann fängt die nächste Führung an?
I'd like to see / visit…	Ich würde gerne … sehen.

Wörter

opening hours	Öffnungszeiten
stampede	Ansturm, panische Flucht
whale	Wal
polar bear	Eisbär
buffalo	Büffel
blue heron	Fischreiher

! Da die Häuser in den USA und Kanada auf größeren Grundstücken stehen, kommt es auch manchmal vor, dass unerwarteter (oder unerwünschter) Tierbesuch vorbeischaut. Je nachdem wo du dich aufhältst, können das Waschbären *(raccoons)* oder Bären *(bears)* sein. Aber auch Elche *(moose)* in Kanada und sogar Kojoten *(coyotes)* sorgen immer mal wieder für umgekippte Mülleimer oder zerstörte Gemüsebeete.

Über das Gastland

Übergewichtige Menschen? Burger und Pommes *(fries)*? Man fährt überall mit dem Auto hin? Medien werden „en masse" konsumiert? Von Europa keine Ahnung? Alles ist größer, schneller, weiter? Alle finden den Irak-Krieg toll?

Vorurteile *(prejudices* ['predʒədɪsɪz]*)* gibt es viele. Generell gilt, die USA und Kanada sind beide groß und sehr vielfältig, nicht nur was die Landschaft angeht, sondern auch die Bewohner. Sie werden dich mit offenen Armen empfangen und überhaupt sind alle sehr freundlich. Je nachdem, wo dich dein Austauschprogramm hinführt, wirst du einige Vorurteile bestätigt sehen – oder auch nicht. Entfernungen sind generell größer, denn der Bäcker um die Ecke, den wir aus Deutschland kennen, ist dort zwei Meilen entfernt. Hinlaufen dauert zu lange, weshalb dann tatsächlich fast alles mit dem Auto erledigt wird.

Statt nur übergewichtiger Menschen bei den Fastfood-Ketten trifft man auch viele schlanke Menschen. Sowieso ist das Essen sehr abwechslungsreich. Einwanderer aus allen Teilen der Welt haben das ja schließlich in hunderten von Jahren mitgebracht. Und auch als Vegetarier wirst du keine Probleme haben – aus den USA kommt z. B. der Garden Burger, ein Burger aus Getreide und Gemüse.

Über das eigene Land

Auf der anderen Seite hat natürlich dein Austauschpartner auch ein bestimmtes Bild von Deutschland. Im schlimmsten Fall könnte das so aussehen:

Die Deutschen trinken eigentlich immer Bier und Wein. Wasser gibt es hier zum Essen nicht. Sauerkraut und Schnitzel sind das Nationalgericht. Technologisch hinkt Deutschland hinterher: „Gibt es bei euch etwa Telefon und Strom?"

Und die deutsche Vergangenheit scheint auch immer noch präsent zu sein.

Viele wissen einfach nicht viel über Deutschland. Und das Oktoberfest wird in vielen Städten ausgiebig „nachgefeiert" – mit Sauerkraut, Schweinshaxe, Schnitzel und Bier. Daher kennen dies viele Amerikaner.

Bei den technologischen Errungenschaften fällt die Erklärung auch nicht sonderlich schwer. Wir sind noch im Mittelalter. Ja, wirklich! Reiseführer, das Fernsehen und das Internet zeugen davon: Schlösser wie Neuschwanstein oder die Burg Hohenzollern und zahlreiche alte Städte scheint es hier reichlich zu geben.

Was die deutsche Vergangenheit angeht, kann man nur sagen, dass in den USA der Geschichtsunterricht an den Schulen schon stark auf das eigene Land fokussiert ist. Sollte dir ein Schüler mit erhobenem rechten Arm entgegentreten und damit eine eindeutige Geste aus dem Dritten Reich machen – erkläre einfach geduldig, dass diese Zeit vor über 60 Jahren geendet hat. Und dass Deutschland heute ein genauso multikulturell geprägtes Land ist wie die USA oder Kanada. Das haben wir glücklicherweise alle gemeinsam!

Wo komme ich her?

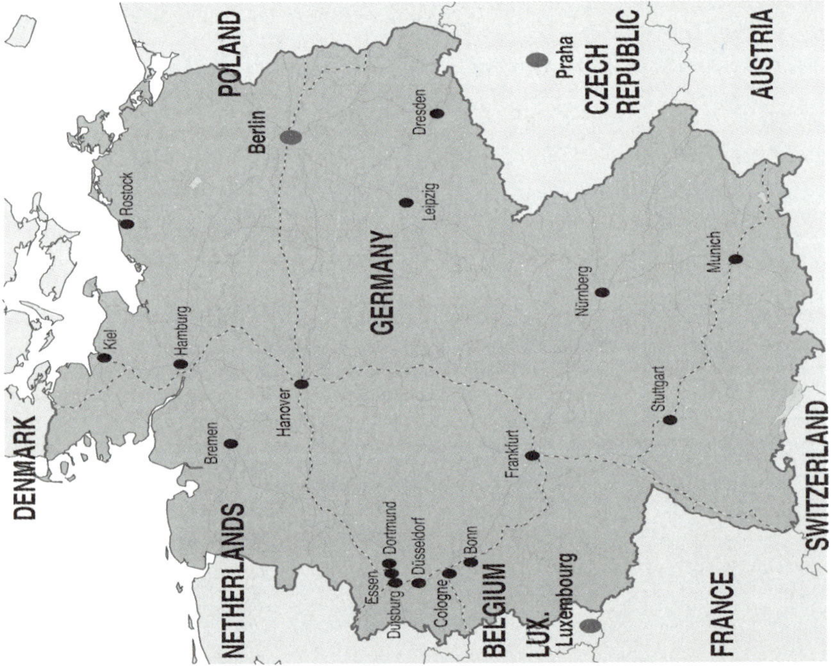

Orientierung

I'm from Germany / Stuttgart.	Ich bin aus Deutschland / Stuttgart.
My home town is the state capital of Baden-Wurttemberg.	Meine Heimatstadt ist die Landeshauptstadt von Baden-Württemberg.
It's north-east of the Black Forest.	Sie liegt nordöstlich des Schwarzwalds.
It's the most beautiful city in …	Es ist die schönste Stadt in …

Bundesländer, Städte, Seen …

Hier sind nur die Bundesländer und einige weitere Beispiele aufgelistet, die sprachlich von der deutschen Bezeichnung abweichen.

Bayern	Bavaria
Hessen	Hesse
Mecklenburg-Vorpommern	Mecklenburg Western Pomerania
Niedersachsen	Lower Saxony
Nordrhein-Westfalen	Northrhine-Westphalia
Rheinland Pfalz	Rhineland Palatinate
Sachsen	Saxony
Sachsen Anhalt	Saxony-Anhalt
Thüringen	Thuringia

Köln	Cologne
München	Munich
Bodensee	Lake Constance
Helgoland	Heligoland
Ostfriesland	East Frisia
Schwarzwald	Black Forest
Donau	Danube
Ostsee	Baltic Sea

1) Kreuzworträtsel

Kennst du dich aus? Einige Dinge, die man wissen sollte. Dazu gehört auch der Name des Polizisten bei den Simpsons. Die blauen Fragen brauchen eine englische Antwort, die schwarzen Fragen eine deutsche.

	1				2				3				
4											5		
6											7		
		8											
													9
								10					
	11					12							
13					14								
				15									
16													
		17											

Waagerecht – across:

1 Wie heißt „Deutschland“ auf Englisch?
4 Eine der großen Parteien in den USA.
6 Diese Hauptstadt war mal geteilt.
7 So nennt man die Polizisten auch.
8 Nordamerikanische Ureinwohner.
11 North, West, South, …
12 Das rief man in den USA währen der WM bei Spielen des deutschen Teams öfters.
15 Diese Hauptstadt hat ein „ …, D.C.“ dran.
16 Der Nachbar im Norden der USA.
17 Der Nachbar im Süden. der USA

Senkrecht – down:

2 Das „Wasser“ im Osten.
3 Frittierter Gebäckkringel: Lecker!
5 Das größte Gebirge der USA.
6 Auch sein Papa war schon Präsident.
8 Hawaii is an …
9 Burger, Burger, Burger – aber kein „King“.
10 Das „Wasser“ im Westen.
13 Schimpfwort. Bitte NIE verwenden!
14 Ab auf die Insel. Der 50. Staat der USA.

Lösungswort: Wie heißt nun also der Polizist bei den Simpsons?

7	14	8	11	13		15	8	1	12		9
										U	

2) Deutsche Länder und Städte

Do you know the cities and states of Germany – in English? Match the right ones:

a. Cologne b. Lake Constance c. Bavaria d. Saxony-Anhalt e. Danube f. Black Forest
g. Northrhine-Westphalia h. Lower Saxony i. Thuringia j. Rhineland Palatinate

- ☐ 1. Bayern
- ☐ 2. Niedersachsen
- ☐ 3. Nordrhein-Westfalen
- ☐ 4. Rheinland Pfalz
- ☐ 5. Donau
- ☐ 6. Sachsen Anhalt
- ☐ 7. Thüringen
- ☐ 8. Köln
- ☐ 9. Bodensee
- ☐ 10. Schwarzwald

3) Quarters

Du weißt ja bereits, dass es unterschiedliche *quarters* gibt.

Gehe auf die Internetseite www.usmint.gov/mint_programs/50sq_program/states/index.cfm?state=WA und finde heraus, was auf dem *quarter* von Washington zu sehen ist und die Bedeutung der einzelnen Elemente.

Lösungen:

1) Waagerecht – across: 1. Germany, 4. Republikaner, 6. Berlin, 7. cop, 8. Indianer, 11. East, 12. goal, 15. Washington, 16. Kanada, 17. Mexiko
Senkrecht – down: 2. Atlantik, 3. Donut, 5. Rocky Mountains, 6. Bush, 8. island, 9. McDonalds, 10. Pazifik, 13. fuck**, 14. Hawaii

2) 1. c; 2. h, 3. g; 4. j; 5. e; 6. d; 7. i; 8. a; 9. b; 10. f

3) 1. Mount Rainier ist der Hausberg Seattles und ein aktiver Vulkan. Salmon (Lachs) ist ein Symbol für die Kultur des pazifischen Nordwestens. Er ernährte die Ureinwohner dieser Gegend. The Evergreen State ist der Kosename des Staates Washington. Zwei Pioniere gaben ihm den Namen, da es hier viele immergrüne Wälder gibt. Und 1889 ist das Beitrittsjahr zu den USA.

Mails und Chat

Nun geht es also los: der erste Kontakt mit deinem Austauschschüler / deiner Austauschschülerin *(exchange student)*. Spannend! Alles elektronisch. MySpace, z. B., (oder Chats wie ICQ) und Mail sind eine hervorragende Erfindung für diesen Zweck.

Nur was sollte dich eigentlich interessieren? Klar, wer das so ist und wie derjenige drauf ist. Quetsch ihn / sie aus! Du musst immerhin mehrere Wochen mit diesem Menschen klarkommen. Und da sollten große Überraschungen im Vorfeld ausgeräumt werden.

Und sollte es da Unstimmigkeiten geben wie:

- er / sie schreibt nicht oder nur komisches Zeug,
- die Familienverhältnisse sind irgendwie komisch,
- ihr habt eine komplett unterschiedliche Wellenlänge,
- …

… dann wende dich sofort an deinen betreuenden (deutschen) Lehrer, der sich dann mit den Kollegen kurzschließen kann. Probleme sind dazu da, dass man sie aus dem Weg räumt – und nicht, dass man darunter mehrere Wochen leidet!

Grundsätzlich aber Entwarnung: Alle, die an solch einem Austauschprogramm teilnehmen, sind zuverlässige und anständige Schüler. Der einzige Unterschied zwischen dir und deinem Austauschpartner ist, dass du östlich des Atlantiks lebst und er westlich.

Infos aus dem Netz

Nutz das Wissen von anderen Schülern und Schülerinnen, die schon in den USA oder Kanada waren. Viele Infos findest du im Internet, wenn du „Schüleraustausch USA (oder Kanada)" „googelst".

Auch die offizielle Seite von GAPP (German-American Partnership Program) www.kmk.org/pad/gapp.htm und das englischsprachige Pendant www.goethe.de/ins/us/ney/pro/gapp/index.htm sind, z. B., super Informationsquellen.

Mach dich am besten zuerst mal dort schlau, denn manchmal stellen Leute was ins Netz, das nicht vertrauenswürdig ist und auch leider oft nicht der Wahrheit entspricht. Also gehe mit den Infos, die du im Netz findest, zuerst mal kritisch um.

Redewendungen – Phrases

Hier sollen nur ein paar Redewendungen genannt werden, die dir das Mailen etwas erleichtern. Hierfür solltest du auch noch mal deinen betreuenden Lehrer ansprechen, der bestimmt noch eine ganze Menge (guter) Ideen hat.

How are you?	Wie geht es dir?
What's up? How's it going?	Was geht?
Did you have a relaxed weekend?	Hattest du ein entspanntes Wochenende?
Could you write me a few lines about yourself?	Könntest du mir ein paar Zeilen über dich schreiben?
I'm looking forward to seeing you. (Vorsicht: *looking forward to + …-ing*)	Ich freue mich (schon) darauf dich zu treffen.
Do you like hanging out with your friends?	Hängst du gerne mit deinen Freunden rum?
See you. / Best wishes. / Take care.	Bis bald. / Schöne Grüße. / Pass auf dich auf.

Was muss mit?

Was nicht fehlen darf sind Medikamente und spezielle Kosmetika wie z. B. Kontaktlinsenlösung. Denn es kann gut sein, dass es deine Marke in deinem Gastland nicht gibt.

Ganz wichtig sind auch elektronische Geräte und Hilfsmittel:

- Handys *(cell phones / mobile phones)* müssen Tri-Band Handys sein. Die Frequenz in den USA und in Kanada ist eine andere als bei uns, weshalb viele Handys nicht funktionieren. Mach dich dazu beim Hersteller deines Handys schlau. Notfalls kann man sich ja auch eines von Freunden / Bekannten ausleihen.
- In den USA und Kanada gibt es nur 110 Volt Netzspannung *(mains voltage)*. Für viele Geräte (z. B. Laptops) ist dies zu wenig Spannung und sie funktionieren nicht, da wir in Europa 220 Volt verwenden. Deshalb informier dich vorher, ob du da ein spezielles Netzgerät *(mains adaptor)* brauchst.
- Die Steckdosen sehen anders aus, als bei uns. Nicht wesentlich, aber unsere Stecker passen eben nicht rein. Deshalb solltest du dir einen Adapter *(adaptor)* im Elektrogeschäft bereits hier kaufen (ca. 3 €).
- Ähnlich wie beim Netzgerät kann es dir auch beim Ladegerät ergehen. Das Handy würde zwar funktionieren (Tri-Band), aber der Strom fehlt. Hier empfiehlt es sich auch, vorher beim Hersteller anzufragen.

Neuere Geräte sind oft für beide Spannungen konzipiert. Dann kann man es dem Typenschild *(specification plate)* an dem Gerät in Form von „110-240 Volt" entnehmen. Da ist es aber trotzdem zu empfehlen, dies von einem Fachmann bestätigen zu lassen. Sonst kann es teuer werden.

Die gleiche Problematik tritt natürlich auch bei elektronischen Geräten auf, die man in dort kaufen möchte: Man muss sich sicher sein, dass dieses Gerät dann auch mit den 220 Volt in Deutschland „umgehen" kann.

! Ein internationaler Schülerausweis ist auch immer gut. Bringt einem oft Ermäßigungen (discounts). Du bekommst ihn in vielen Reisebüros und für ca. 10 €. Einfach einen gültigen deutschen Schülerausweis mitbringen – ist dann normalerweise in wenigen Minuten fertig. Lohnt sich!

Wetter

Die Internetseiten von The Weather Channel (www.weather.com), einem Fernsehsender, und der Tageszeitung USA Today (www.asp.usatoday.com/weather/) oder auch www.theweathernetwork.com für Kanada, bieten z. B. aktuelle Wetternachrichten und 5-Tagesvorhersagen an. Dort kannst du dich über Temperaturen (Fahrenheit in den USA und Celsius in Kanada) – und damit die passende Kleidung – informieren.

Kleidung

Mach dich schlau über die Region, in die du gehst. Dabei kann dir dein Betreuungslehrer helfen. Du solltest aber in jedem Fall auch etwas Schickes einpacken. Zwar mögen es die Amerikaner und Kanadier an sich lässig, jedoch könnte es durchaus sein, dass man ins Theater oder ein schickes Restaurant geht. Dann sollte die Kleidung dem Ereignis angemessen sein. Selbst der sonntägliche Kirchengang sollte eingeplant werden, da dies in amerikanischen Familien oft üblich ist. Dann kannst du vielleicht sogar mal eine Gospelmesse miterleben.

Redewendungen – Phrases

What's the weather like this time of the year?	Wie ist das Wetter um diese Jahreszeit?
Is there anything special I need to pack?	Muss ich etwas Bestimmtes einpacken?
What kind of clothes should I bring?	Was für Kleidung soll ich mitbringen?
Do I need to bring formal clothes?	Muss ich formelle / feine Kleidung mitbringen?

! Abhängig von der Jahreszeit, in der dein Austausch ist, könntest du sehr extremes Wetter miterleben. Zum Beispiel könntest du in Kanada und dem Nordosten der USA möglicherweise einen Schneesturm *(blizzard)* miterleben. Bei solch einem Sturm kommt sehr schnell eine Menge Schnee runter und begrenzt die Sichtweite stark. Dazu gehören auch tiefe Temperaturen und Windgeschwindigkeiten von über 50km / h! Also sei vorbereitet.

Bei der Einreise

Von der Einreise *(entering the country)* in die USA hast du bestimmt schon gehört: Langwierige und genaue Kontrollen. Stimmt! In Kanada erwartet dich das Gleiche. Jedoch darf man dies nicht falsch verstehen.

Die USA sind seit den Anschlägen von 2001 ein Land geworden, das Einreisende genau prüft, um die Gefahr eines erneuten Anschlags zu verringern. Da Kanada gleich neben den USA liegt, tragen sie ihren Teil zur Sicherheit bei. Deshalb gilt bei der Einreise: Verhalt dich den Beamten der Einwanderungsbehörde *(immigration officers)* gegenüber respektvoll und freundlich. Dann haben auch sie keinen Grund unfreundlich zu sein.

Grundsätzlich läuft die Einreise in die USA aber so ab: Man wartet in einer Schlange, um gecheckt zu werden. Dabei muss man die vorher im Flugzeug ausgefüllten Formulare „I-94 – Einreise-/Ausreiseformular für visumfreies Reisen“ und die „Zollerklärung“ bereithalten und bei der Kontrolle dann zusammen mit dem Reisepass dem *immigration officer* vorlegen. Es wird dann noch ein Fingerabdruck per Scan und ein Foto der Iris *(iris scan)* gemacht. Diese Dinge können nicht umgangen werden, weshalb du jegliche Diskussion vermeiden solltest. Auch bei der Ausreise muss man das „I-94“-Formular vorzeigen. Zu diesem Zweck wird es bei der Einreise in den Reisepass geheftet. Dies soll verhindern, dass man länger als die erlaubten 90 Tage ohne Visum in den USA bleibt. Solltest du dieses Formular verlieren, setze dich bitte mit der deutschen Botschaft in den USA in Verbindung: (www.germany-info.org).

Für die Einreise nach Kanada benötigen europäische Staatsbürger kein Visum.

Informiere Dich!

Vor der Einreise solltest du dich unbedingt auf den Internetseiten deiner jeweiligen Botschaft oder Auslandsvertretung umschauen (s. Anhang: Links und Adressen). Es ist sehr empfehlenswert sich dort zum Thema Reisepass, Gepäckkontrolle *(luggage inspection)* und über zollfreie Waren *(duty-free goods)*, die man einführen darf, zu informieren. Deine Fluggesellschaft kann dir auch die aktuellen Bestimmungen zum Handgepäck mitteilen.

Dinge, die gefragt werden könnten

What is the purpose of your stay?	Welchem Zweck dient dein / Ihr Aufenthalt?
How long are you staying in the US?	Wie lange bleibst du / bleiben Sie in den USA?
Where are you staying?	Wo wirst du / werden Sie wohnen / untergebracht sein?
Anything to declare?	Hast du / Haben Sie etwas zu verzollen?
Excuse me. Could you help me, please?	Entschuldigung. Könntest du / Könnten Sie mir bitte helfen?

Hilfreiches Vokabular

Bei der Einreise geben die immigration officers meistens kurze und eindeutige Anweisungen, die man gut verstehen kann. Man kann auch immer freundlich rückfragen.

U.S. citizen	US Bürger
Non U.S. citizen	Nicht-US Bürger
European citizenship	europäische Staatsbürgerschaft
passport	Reisepass
line up	anstellen
stay in line	Bleib in der Schlange. / Stell dich mit den anderen an.
Next person in line.	Der Nächste bitte.

Was sagt man …

Du hast es nun also geschafft und bist bei deiner Gastfamilie angekommen. Nach den aufregenden Begrüßungen am Flughafen kehrt nun allmählich Ruhe ein und grundlegende Dinge werden geklärt:

Wo du schläfst *(your room)*, wo das Badezimmer und das Klo *(bathroom)* ist, wo das Wohnzimmer *(living room)* und die Küche *(kitchen)* sind. Wichtiges Element der Küche ist auch der Kühlschrank *(fridge)*, der manchmal fast Dimensionen eines „begehbaren Kühlschranks" annimmt.

Wunder dich nicht über die große Freundlichkeit der Amerikaner und Kanadier: Es ist ehrlich gemeint! Wenn man dir sagt, dass du dich wie zu Hause fühlen sollst, dann ist das auch so gemeint. Schließlich ist dies hier ja nun wirklich für die nächsten Wochen dein Zuhause.

Du oder Sie?

Aus dem Englischunterricht kennst du es ja bereits. Im Englischen gibt es die Höflichkeitsform „Sie" nicht. Dies macht vieles einfacher – aber hat auch seine Tücken. Nun sagt man zum Gastvater *you* und alles scheint *easy* zu sein. Solange er eindeutig angesprochen werden kann. Sucht man ihn aber im Haus und ruft nach ihm, wird es schon schwieriger. Ist es nun Mr. Smythies oder Christopher?

Am besten einfach nachfragen. Ist zwar nicht immer leicht, aber man kann dies ja üben. Zum Beispiel:

Would you like me to call you Mr. Smythies or Christopher?

What do you want me to call you?

Redewendungen – Phrases

Could you repeat that, please? / Could you say that again, please? / Excuse me? / Pardon?	(Kann alles dafür verwendet werden, wenn man etwas nicht verstanden hat und möchte, dass es wiederholt wird.)
Could I use your bathroom, please?	Dürfte ich bitte eure Toilette benützen.
I'm starving! Could I get something to eat, please?	Ich habe einen Bärenhunger! Könnte ich bitte etwas zu essen bekommen?
Please help yourself!	Bitte bediene dich!
What's your profession?	Was ist dein Beruf?

Was sagt man nicht

Das F-word ist absolut tabu! Die meisten Schimpfwörter – auch Scheiße *(shit)* – kommen gar nicht gut an. Streich sie also für den Austausch einfach aus deinem Gedächtnis!

Themen wie Politik, Religion oder Sexualität sind oft etwas schwierig. Man kennt sich ja nun noch nicht so lange und weiß nicht, wie der Andere darüber denkt. Für diese Themen kann nur gelten, sie mit Zurückhaltung anzugehen. Hör dir an, was der Andere zu sagen hat und lass deine Meinung dezent einfließen. Man sollte nicht immer mit der Tür ins Haus fallen. Ein eher schwieriges Thema ist die Außenpolitik *(foreign policy* ['fɔːrɪn 'pɑːləsi]*)* der USA. Amerikaner mögen Krieg genauso wenig wie wir. Das muss man sich nur vor Augen führen. Dann kann man auch darüber reden.

Cultural Diversity USA & Canada

Im großen Land Nordamerika, erkennst du immer noch aus welchem Land die meisten Einwanderer kamen: in Kanada waren das hauptsächlich Franzosen und Immigranten aus Großbritannien, in die USA kamen Menschen aus Irland, Italien, Polen und Deutschland. (In den USA wird dir jeder erzählen, dass irgendein Verwandter im Familienstamm aus Deutschland kommt – und gleich ist es als wäret ihr auch deshalb verwandt!)

In den USA und Kanada gibt es in den größten Städten immer ein China Town, wo du das unterschiedlichste Essen, Geschenkartikel oder auch einen Park im chinesischen Stil findest.

Einwanderer aus Asien haben immer noch einen großen Einfluss auf beide Länder, aber in Kanada stehen Chinesen weit oben an der Spitze der Einwanderer, gefolgt von weiteren südasiatischen Ländern, wie zum Beispiel Indien, Sri Lanka und Pakistan. Diese Einwanderer zieht es hauptsächlich nach Toronto und Vancouver.

In den USA sind es eher die Latein-Amerikanischen Länder, die für eine Veränderung der Kultur sorgen. In vielen Staaten, wie Kalifornien oder Texas, werden sogar viele Schilder auf spanisch und englisch geschrieben.

Schwarze *(African Americans)* spielen eine größere Rolle in der Kultur der USA als in Kanada, dies zeigt sich heute vor allem in der Musik und Medienbranche, aber auch im politischen Bereich.

Wechselnde Einwanderergesetze ändern immer wieder das Gesicht der beiden Nationen. Viele lieben es in diesem Melting Pot zu leben und du wirst selber merken, dass dies in jeder Stadt anders ist.

Redewendungen / Wörter

heritage	Kulturerbe
immigrant	Einwanderer

potluck – Dieses Wort hat seinen Ursprung im Native American Pot Latch, wo verschiedene Tribes zusammen kamen, und, um den eigenen Wohlstand zu demonstrieren, hat jeder Gast auch etwas mitgebracht. Heute heißt das, dass jeder etwas zum Essen mitbringen soll. Da der Gastgeber nicht alles selber kochen muss, ist die Atmosphäre bei einem Potluck immer sehr lässig.

Die Native Americans sind die eigentlichen Einheimischen Nordamerikas. Durch Volksgeschichten, Musik und wunderschöne Kunst ist diese Kultur seit Generationen weitergegeben worden und kann heute in Museen und auf Veranstaltungen erlebt werden.

In der Gastfamilie

Der Alltag kehrt sehr schnell ein. Der Austausch ist zwar etwas besonderes, jedoch geht das Leben der Gastfamilie seinen gewohnten Gang. Man geht in die Schule. Man geht zur Arbeit.

Morgens werdet ihr wahrscheinlich eher normal und unkompliziert frühstücken. Ein gemeinsames Frühstück ist eher die Ausnahme. Die Küchen sehen sich oft sehr ähnlich und haben einen Thekenbereich. Auf dieser Theke wirst du wahrscheinlich eine Auswahl an *cereal* ['sɪriəl] und Milch vorfinden. Manchmal gibt es auch Brot und verschiedene Aufstriche *(spreads* ['spredz]*)*, wie Marmelade oder auch Salziges.

Das Mittagessen findet meist in der schuleigenen Mensa *(cafeteria / canteen)* statt. Am Wochenende wird überwiegend spät gefrühstückt und kalt zu Mittag gegessen. Abends wird dann meistens warm gegessen *(dinner)*. Bei all diesen Dingen freut man sich, wenn du mithilfst.

Ansonsten ist der Alltag in den USA und Kanada unserem sehr ähnlich. Nach der Schule und den Hausaufgaben wird oft Sport getrieben oder an Vereinsaktivitäten teilgenommen. Dabei kann man viele Leute kennen lernen und schöne Erfahrungen machen. Nach den Aktivitäten sind die Abende dann eher kurz und man verbringt sie mit Fernsehen, Video oder Computerspielen. Oft sitzt man aber auch noch im Kreise der Familie zusammen und erzählt. Wie bei uns eben. Du musst dir nur immer vor Augen halten, dass du eine besondere und schöne Abwechslung im Alltag der Familien bist. Nimm dir Zeit, um mit ihnen ins Gespräch zu kommen und von dir zu erzählen. Das ist nämlich für deine Gastfamilie interessanter und spannender als du vielleicht denkst.

Amerikaner haben gerne Haustiere *(pets)*. Da die meisten Amerikaner in Einfamilienhäusern leben – und nicht wie bei uns in Wohnungen oder Apartments – können Haustiere auch generell einfacher gehalten werden.

> **!** Damit es keine bösen Überraschungen in der Gastfamilie gibt, solltest du unbedingt vorher abklären, ob und welche Haustiere es gibt. Vor allem, wenn du Allergien hast!

Redewendungen – Phrases

Is there anything you'd like me to do?	Gibt es etwas, das ich tun kann?
Can I help you with the dishes / washing up?	Kann ich Ihnen mit dem Geschirr / beim Abwasch helfen?
Are there any more kinds of cereal?	Gibt es noch andere Müslisorten / Frühstücksflocken?
Do we have lunch at school or do we have to take sandwiches?	Essen wir an der Schule oder müssen wir uns Sandwiches mitnehmen?
Would you like to eat at …?	Möchtest du bei … essen?
What kind of sandwich would you like? Tuna, turkey, chicken or cream cheese?	Was für ein Sandwich möchtest du? Tunfisch, Truthahn, Huhn oder Frischkäse?
Sorry, I'm vegetarian / a veggie. Could I get something without meat?	Entschuldigung, ich bin Vegetarier. Könnte ich etwas ohne Fleisch bekommen?
I think I'm developing an allergy to the dog / cat.	Ich glaube ich reagiere allergisch auf den Hund / die Katze.

Wörter – Words

Im Alltag werden dir viele neue Wörter über den Weg laufen. Am besten so viel wie möglich nachfragen!

What do you call that? Wie nennt man das? (Wenn man auf etwas zeigen kann.)

dishwasher	Spülmaschine	cutlery / silverware	Besteck
plate	Teller	bowl	Schüssel
bar / lunch counter	Theke	fridge	Kühlschrank
leash ['liːʃ]	Hundeleine	dog food	Hundefutter
litter box	Katzenklo	dog waste bag	Tüte für Hundekot

Freundschaften

„A friend of mine" ist man schnell, denn Amerikaner sind sehr offen gegenüber neuen Schülern an der Schule. Du wirst dich sicher schnell und oft verabreden. Ein *date* (Verabredung) hat für viele junge Amerikaner eine romantische Bedeutung, und bedeutet nicht – so wie hier – einfach nur ein Treffen. Vor allem im Freizeitbereich trifft man sich häufig. Zum Sport *(sports)*, für Hobbys *(hobbies)* oder zu gemeinsamen (Computer-)Spielen *(gaming)*.

Du solltest jedoch auf deinen Austauschpartner Rücksicht nehmen und nicht einfach verschwinden. Es ist ja auch immer schön, gemeinsam etwas zu unternehmen. Manchmal kommt es vor, dass sich Austauschschüler in ihren Gastfamilien nicht wohl fühlen. Deshalb wird dann oft der Kontakt zu anderen deutschen Austauschschülern gesucht, denn die kennt und mag man ja. Es ist niemandem geholfen, wenn du dich nicht wohl fühlst, jedoch solltest du nicht gleich bei der ersten schwierigen Situation mit deiner Familie die „Flinte ins Korn werfen" *(to throw in the towel)*.

Falls es gar nicht klappt und du dich zurückziehen willst, versuch das deiner Gastfamilie zu erklären:

I'm a bit homesick.	Ich hab ein wenig Heimweh.
I miss my family / friends.	Ich vermisse meine Familie / Freunde.
Please don't get me wrong but I'd like to spend some time with my friends.	Bitte versteht mich nicht falsch, aber ich würde gerne etwas Zeit mit meinen Freunden verbringen.
We don't seem to get along very well.	Wir kommen irgendwie nicht so gut miteinander aus.

! Pünktlichkeit wird in den USA und Kanada und groß geschrieben! Dabei geht es auch um Minuten. Und die Deutschen haben den Ruf, immer pünktlich zu sein …

Redewendungen – Phrases

Let's meet in the afternoon.	Komm, wir treffen uns heute Nachmittag.
I forgot about our plans.	Ich habe unsere Verabredung vergessen.
Let's meet at my friend's house / my house.	Treffen wir uns bei meinem Freund / bei mir.
Could I join your baseball training?	Könnte ich bei deinem Baseballtraining mitmachen?
It would be great if you could pick me up at my house / school.	Es wäre super, wenn du mich zu Hause / an der Schule abholen könntest.
Could you give me a ride to Steve's house, please?	Könntest du mich bitte zu Steve bringen?
Could I have some friends over tomorrow afternoon?	Kann ich morgen Nachmittag ein paar Freunde mitbringen?
Do you want to go out with me?	Möchtest du mit mir (aus-)gehen?
Do you want to go for a coffee?	Sollen wir einen Kaffee trinken gehen?
Are you seeing someone (back home)?	Hast du (zu Hause) einen festen Freund / eine feste Freundin?
Are you together?	Seid ihr zusammen?
I have a steady boyfriend / girlfriend.	Ich habe einen festen Freund / eine feste Freundin.

Wörter – Words

friend / buddy / homie	Kumpel / Freund	to date someone	mit jemandem gehen / ausgehen
date	Verabredung	appointment	Termin

Sport

Du wirst nicht lange brauchen, um zu merken, dass Sport in den USA und in Kanada sehr wichtig ist. Fußball *(soccer)*, wie man ihn aus Europa kennt, nimmt zwar an Beliebtheit zu, kann aber noch lange nicht mit dem American Football mithalten. In den USA wirst du im Spätherbst nämlich nichts anderes als Bowl Game hören. Denn zu dieser Zeit werden alle Colleges gerade um den ersten Platz in ihrer Liga spielen und danach noch um den Nationaltitel. Jedes Spiel hat seine eigene Bezeichnung, zum Beispiel Sun Bowl in Texas, weil dort eben immer die Sonne scheint. Die Amerikaner sind sehr lokalpatriotisch und jeder, der zu einem Kollege gegangen ist, oder auch nur in der Nähe wohnt, feiert mit einer Party, wo das Spiel angeschaut wird und unterstützt so die ‚eigene' Mannschaft *(home team)*.

Das größte Football Spiel im Jahr ist dann der Super Bowl, das Finale der NFL (National Football League) wo professionelle Teams gegen einander antreten. Seit 2004, als Sänger Justin Timberlake Sängerin Janet Jackson bei der Halftime Show entblößte (die sogenannte Wardrobe Malfunction), übertragen viele Sender live Veranstaltungen nur noch zeitversetzt (um ca. 5 Minuten), um in einem solchen ‚Notfall' schnell noch reagieren zu können.

In Kanada dreht sich viel um die Hockey Spiele. Auch wenn Hockey auf Eis gespielt wird, ist es ist ein Sport für heißblütige Menschen. Schlägereien brechen nicht nur ständig am Spielfeld aus, sondern auch zwischen den Zuschauern, wenn zum Beispiel ein Schiedsrichter den falschen Spieler auspfeift. Meistens gehen aber alle wieder friedlich nach Hause.

Es gibt weitere beliebte Sportarten wie z. B. Lacrosse, was in Kanada sehr beliebt ist und auch in den USA immer mehr gespielt wird. Und dann natürlich, Baseball und Basketball, was in beiden Ländern gerne das ganze Jahr über gespielt wird. Vielleicht mag deine Gastfamilie eine ganz besondere Sportart oder unterstützt ein bestimmtes Team. Auf jeden Fall lohnt es sich noch mal den Treueeid zu üben und ein paar Fanartikel zu kaufen, dann kannst du einfach mitmachen! Viel Spaß und Go Team!

Wörter – Words

referee / umpire	Schiedsrichter
foul	Faul
to cheer	anfeuern
players	Spieler
season ticket	Saisonkarte
soccer	europäischer Fußball
match / game	Spiel
to boo	auspfeifen
coach	Trainer
league	Liga
football	Amerikanischer Fußball

! Match wird nur bei Tennis verwendet.

NBA (National Basketball Association)

Jedes Team bringt seine Cheerleaders mit, die die Fans zum Anfeuern motivieren sollen und sie in den Pausen unterhalten.

1) Was sagst du, wenn …

1. … du bei jemanden auf die Toilette gehen möchtest?

2. … du wissen möchtest, was jemand von Beruf ist?

3. … du sagen möchtest, dass du einmal Arzt werden möchtest?

4. … du noch Müsli zum Frühstück haben möchtest?

5. … du sagen möchtest, dass du Vegetarier bist und etwas ohne Fleisch möchtest?

6. … du den Fernseher anstellen möchtest?

2) Gut zu wissen

Die Buchstaben in den weißen Kästchen ergeben ein anderes Wort für *appointment*:

1. Das bekommt man mit einem Schülerausweis: ☐☐☐☐☐☐☐☐
2. Das sollte man unbedingt für seine elektrischen Geräte dabei haben: ☐☐☐☐☐☐☐
3. Wenn man vor Hunger fast umkommt …: I'm ☐☐☐☐☐☐☐☐!
4. Ohne diese Hilfsmittel ist es ziemlich schwer eine Suppe oder ein Steak zu essen: ☐☐☐☐☐☐☐

Lösungswort: ☐☐☐☐

Lösungen:

1) 1. z.B. Could I use your bathroom, please?
2. z.B. What's your profession?
3. z.B. I want to become a doctor.
4. z.B. Are there any more cereals?
5. z.B. Sorry, I'm vegetarian. Could I get something without meat?
6. z.B. May I turn on the TV?

2) 1. discount; 2. adaptor; 2. starving; 4. cutlery
Das Lösungswort ist: date

Mahlzeiten

Um dir traditionelle amerikanische Gerichte zu präsentieren, wird deine Gastfamilie einiges auftischen, das es sonst nicht jeden Tag gibt.

Beispielsweise wird man dir zum Frühstück auch Rührei *(scrambled eggs)* mit Speck *(bacon)*, Pfannkuchen mit Sirup *(pancakes and syrup)* oder *french toast* servieren. Das sind alles ziemliche Kalorienbomben - aber sehr lecker. Ansonsten werden hauptsächlich *cereals* gefrühstückt.

Mittags sind es eher kalte Gerichte, wie *sandwiches* oder Salate, die gegessen werden. Obst und frisches Gemüse sind auch sehr beliebt. Es kann durchaus aber auch ein Burger oder eine Pizza sein, die man in einem Fastfood-Restaurant bekommt.

Nachmittags isst man dann - wenn man hungrig ist - eine Zwischenmahlzeit *(snack)*. Abends gibt es dann ganz verschiedene Varianten von Essen. Alle möglichen Sorten von Fleisch, in Küstenregionen auch öfters Fisch, dazu Beilagen wie Nudeln *(pasta)*, Pommes *(French fries / fries)* oder Reis *(rice)*, und selbstverständlich auch Gemüse oder Salat. Salat wird oft mit geraspeltem Käse *(grated cheese)* bestreut. Und wenn der Nachtisch schon süß genug ist, wird er manchmal noch mit einer Zuckerglasur überzogen.

Tischmanieren

Ähnlich unseren Gepflogenheiten zu Tisch geht es auch bei deiner Gastfamilie zu. Man verhält sich ordentlich, sagt „Bitte" und „Danke". Man rülpst *(burp* [ˈbɜːp]*)* nicht, schlürft *(slurp)* nicht und legt sich eine Serviette *(napkin)* während des Essens auf den Schoß.

Nur eines ist anders: Während man bei uns während des gesamten Essens mit Messer und Gabel hantiert, wird es bei deiner Gastfamilie eher üblich sein, den Tisch ohne Messer zu decken. Es sei denn es gibt natürlich Fleisch. Das wird dann zuerst klein geschnitten und dann isst man alles mit der Gabel in der rechten Hand. Ohne Messer. Während die linke Hand auf dem Schoß liegt. Andere Länder - andere Sitten!

Wie sag ich's?

Could you hand me the …, please?	Könnten Sie mir bitte den / die / das … reichen?
Please pass the bread.	Bitte reichen Sie mir das Brot.
Is there any … left?	Ist noch … übrig?
Could I get a new knife, please? …	Könnte ich bitte ein neues Messer haben?
Would you like some more potatos?	Möchten Sie noch von den Kartoffeln?
No, thank you. I'm done.	Nein, danke. Ich bin fertig.
It was a delicious [dɪ'lɪʃəs] / fantastic / great meal!	Es war ein leckeres / fantastisches / großartiges Essen.

Wörter – Words

table etiquette	Tischmanieren
breakfast	Frühstück
lunch	Mittagessen
dinner	Abendessen
yam ['jæm]	Süßkartoffel
Brussel sprouts	Rosenkohl

! Salatsoße immer extra bestellen! Sonst erlebt man manchmal eine böse Überraschung und der Salat schwimmt in einer Mayonnaise-Soße.

I'd like to have the dressing on the side, please.

Essen gehen – Fast Food

Man geht in den USA oft und gerne essen. Dabei gibt es aber große Unterschiede. Während man in den Fastfood Restaurants für $ 8 pro Person essen kann, sind die Preise in „richtigen" Restaurants viel höher.

Und nicht vergessen: Please wait to be seated. Wenn das auf einem Schild steht, setzt man sich nicht einfach an einen freien Platz, sondern wartet bis einem der Kellner *(waiter)* einen Platz zuweist. Gefällt der einem dann nicht, kann man jederzeit nach einem anderen Tisch fragen.

Schön ist: Wasser ist immer umsonst. Man bekommt entweder ein Glas pro Gast vom Kellner gebracht oder auch einen Glaskrug *(pitcher)* für den ganzen Tisch. In Fastfood Restaurants kann man auch nach *just water* fragen. Dann bekommt man einen kleinen Becher, den man sich an der Getränkebar selbst befüllen kann. An diesen Getränkebars gibt es die Softdrinks, die man sich auch immer wieder umsonst nachschenken *(free refill)* kann.

Trinkgeld

Trinkgeld ist in den USA und Kanada nicht im Preis inbegriffen, sondern geht extra. Das Bedienungspersonal lebt im Wesentlichen vom Trinkgeld, dem so genannten *tip*. Die Stundenlöhne der Bedienungen sind sehr niedrig. Deswegen sollte man es nicht versäumen, dem Grad der Zufriedenheit entsprechend, Trinkgeld zu geben. Üblich sind ca. 10 – 20% des Rechnungsbetrags. Man lässt den *tip* dann einfach beim Verlassen des Restaurants auf dem Tisch liegen.

! Die typische kanadische Küche ist der in den USA sehr ähnlich, nur stärker geprägt von Einflüssen aus Großbritannien und Frankreich. Was man unbedingt probiert haben muss ist Maple Syrup (Ahornsirup). Das Ahornblatt steht nicht ohne Grund auf der kanadischen Flagge – die Menschen dort lieben diese süße Frühstückssoße.

Tipps: In einem …

… asiatischen Restaurant:

Unbedingt probieren: *dumplings* (gefüllte Teigtaschen / Maultaschen), *noodle soup, dim sum* (kleine Leckereien, die auf Servierwagen vorbeigefahren werden – man nimmt sich einfach, was man möchte).

Vorsicht: *noodles* sind nur asiatische Nudeln, italienische Nudelgerichte werden allgemein mit *pasta* bezeichnet.

… italienischen Restaurant:

Pizzen sind oft sehr groß, deshalb: teilen. Macht überhaupt nichts aus und man wird auch nicht schräg angeschaut, wenn man sagt: We'd like to share one pizza. Also lieber eine große zu zweit und jeder isst ein paar Stücke (*slices*) – ist auch billiger.

Vorsicht: *Peperoni* ist eine Art italienische Salami. *Stuffed edge* ist ein mit Käse gefüllter Teigrand.

… mexikanischen Restaurant:

Von „weich" nach „hart": burito (soft) – chalupa (soft & delicious) – taco (crispy)

Von „lasch" nach „scharf": plain (nichts) – mild (mild) – spicy (würzig) – hot (scharf)

Redewendungen – Phrases

I'd like to have …	Ich hätte gerne …
The food tastes wonderful.	Das Essen schmeckt ausgezeichnet.
We're going to eat at my grandmother's.	Wir gehen zum Essen zu meiner Großmutter.
Could I get some more water, please?	Könnte ich bitte noch etwas Wasser haben?
The check / bill, please.	Die Rechnung, bitte.

1) Fastfood oder „á la carte“?

Sind diese Aussagen richtig oder falsch?

		Richtig	Falsch
a.	Man setzt sich immer selbst an den schönsten Tisch im Restaurant.		
b.	Die Serviette steckt man sich bei Tisch in den Kragen, damit keine Flecken auf das schöne Hemd kommen.		
c.	Trinkgeld ist im Preis nicht inbegriffen, weshalb man 10-20% zur Rechnung dazurechnet.		
d.	Man isst mit der Gabel in der linken Hand und legt die rechte während des Essens in den Schoß.		
e.	Salatsoße sollte man extra bestellen, damit der Salat nicht in Salatsoße schwimmt, wenn man ihn bekommt.		
f.	Mittags isst man eher kalt und abends gibt es warmes Essen.		

! Wunder dich nicht, wenn euch die Bedienung einen doggy bag anbietet! Ein doggy bag im Restaurant war früher dafür gedacht, dass man die Reste für den Hund mit nach Hause nehmen kann. Heute isst man das Essen am nächsten Tag lieber selber.

2) During a meal:

Hier sind ein paar Worte abhanden gekommen. Kannst du die Lücken füllen?

bread – hand – I – I'm – left – meal – new – no – some – was – would

1. Is there any coffee ______________ ?
2. Could you ______________ me the ______________ , please?
3. Could ______________ get a ______________ knife, please?
4. ______________ you like ______________ more potatoes?
5. ______________ , thank you. ______________ done.
6. It ______________ a delicious ______________ !

Lösungen:
1) Richtig sind: c), e), f)
2) 1. left, 2. hand, bread, 3. I, new, 4. would, some, 5. no, I'm, 6. was, meal

Schulweg

Nun ist also der erste Schultag an deiner Gastschule angesagt. Der Weg dort hin wird entweder per Chauffeur „Mama und Papa" geschehen oder man fährt mit dem Schulbus *(school bus)*. Entweder du bekommst eine Wochenkarte *(seven-day ticket)* oder eine Monatskarte *(monthly season ticket)* oder du zahlst einzeln dein Ticket *(ticket)*. Dazu sollte dir dein Betreuungslehrer Informationen geben können. Oder dein Austauschpartner. Manche Schüler kommen auch mit dem Fahrrad, zu Fuß oder mit dem eigenen Auto. Denn in den USA und Kanada kann man ja schon mit 16 seinen Führerschein *(driver's license)* machen.

Vorstellen in der Schule

Meistens wirst du deinen Namen sagen müssen, wo du herkommst und wie lange du bleibst. Aber es könnte auch sein, dass dich der Deutschlehrer / die Deutschlehrerin voll in den Unterricht einplant und von dir erwartet, dass du einen Großteil der Stunde schmeißt. Keine Panik. Hier sind ein paar Ideen:

- Bring ein paar typische Gegenstände von dir mit. Ein Fußballtrikot, ein interessantes Foto, Schokolade … und erzähl darüber. Da dies überwiegend auf Deutsch geschehen wird, kannst du dich ganz locker zurücklehnen. Einfaches Deutsch genügt hier, um die „Deutsch-Lerner" zu begeistern!
- *A box of chocolates*: Bring kleine Schokotäfelchen (z. B. Milka, Lindt, Hachez) mit und kleb jeweils einen Streifen Papier daran, auf den du eine deutsche Frage schreibst. Nun zieht jeder eine, kann sie essen und dir die entsprechende Frage stellen. Bringt Abwechslung und du kannst die Fragen selber bestimmen!

Es ist ja schon ein wenig unfair, die Klasse muss nur einen Namen (deinen) lernen – und du gleich 'ne ganze Menge. Und noch dazu – je nach Herkunft der Schüler – recht ungewöhnlich klingende. Wenn du dir Namen schlecht merken kannst, frag einfach. Manchmal hilft es auch, wenn man mehr Infos hat.

I didn't catch your name.	Do you have a nickname?	That's an interesting name. What does it mean?
Are you Mike?	Could you repeat that?	Where does your name come from?
What's your name again?	How do you spell your name?	

Vorstellen vor Schulkameraden

Stell dir vor, du bist Stefan aus München. Josh ist dein Austauschpartner und stellt dich an der Schule Diane vor:

Diane: Hi, Josh. Nice to see you. How are you?

Josh: Fine, thanks. And you?

Diane: Not too bad.

Josh: Diane, do you know Stefan?

Diane: You're an exchange student from Germany, right?

Stefan: Yes. I'm here for three weeks and I'm staying at Josh's house.

Diane: Well, welcome to America! Have a good time! See you!

Stefan: Bye! See you!

> Übrigens: Schüler werden in Amerika *students* genannt.

Redewendungen – Phrases

How do we get to school?	Wie kommen wir zur Schule?
I'm a bit nervous.	Ich bin ein wenig nervös / aufgeregt.
My name is … But you can call me …	Ich heiße … Aber ihr könnte mich … nennen.
I'll be here for … weeks / months.	Ich bin … Wochen / Monate hier.

System

In Amerika werden die öffentlichen Schulen durch Abgaben der Städte finanziert, in denen die Schulen liegen. Daher ist es nicht verwunderlich, dass die Schulen große Unterschiede in ihrer Ausstattung aufweisen. Je nachdem, wie wohlhabend eine Gemeinde ist, ist auch die Schule ausgestattet.

Hier kurz die typische Schullaufbahn: Man besucht zuerst die *pre-school*, dann den *kindergarten*, geht danach in die *primary school* (auch *elementary school*), in die *middle school* und dann in die *high school*. Danach kann man wiederum auf ein *college* gehen, um schließlich an der *university* zu studieren. Ist etwas anders als bei uns, jedoch bietet es mehrere Möglichkeiten für die unterschiedlichsten Werdegänge.

Da es sich bei den Schüleraustauschprogrammen fast ausschließlich um den Besuch einer *high school* handelt, soll diese hier vorrangig vorgestellt werden.

Gebäude

Die Schulen haben, wie auch in Deutschland, Klassenzimmer und Säle, wie beispielsweise den Musiksaal oder den Kunstsaal. Dazu kommt noch eine *assembly hall*, eine Art Versammlungsraum, in dem große Schülerversammlungen abgehalten werden. Jede Schule hat auch in irgendeiner Form eine Kantine *(cafeteria, canteen)* und eine Sporthalle *(gym)*. Was auch immer noch zu einer amerikanischen Schule gehört, sind außerordentlich großzügige Sportplätze *(playing field / sports fields)* aller Art. Ob baseball, football, tennis, basketball oder soccer. Hier findet jede Sportart die richtige „Spielwiese".

> **!** Das Wort *gym* bezeichnet sowohl eine Sporthalle als auch ein Fitnessstudio.

Fächer

Die Bandbreite der Fächer ist groß. An einer normalen *high school* werden die Fächer, die im Stundenplan *(schedule)* auftauchen, in Fächerbereiche untergliedert. Hier findest du eine Auswahl:

Math	Algebra, Geometry
Science	Physics, Chemistry, Biology
Foreign Languages	German, French, Italian, Spanish, Japanese, Chinese
Career / Technical Class	Computer science
Fine Arts	Band, Choir, Orchestra, Art
Social Studies	World history, U.S. history, U.S. government, European history, Human geography, Microeconomics, Macroeconomics
Physical Education (PE)	
English	Literature, Language

Einige dieser Fächer können gewählt werden, sind also nicht verpflichtend. Dann nennt man sie Wahlfächer *(elective subjects)*. Welche das sind, entscheidet das Schulverwaltungsamt der einzelnen Schule.

Wörter – Words

assembly hall	Aula	choir	Chor
schedule ['skedju:l]	Stundenplan	elective	Wahlfach
subject	(Schul-) Fach	recess ['ri:ses]	Pause
school board	Schulverwaltungsamt		

! Amerikaner kennen und mögen soccer. Nur bitte Vorsicht: Denn wer sich als guter football player vorstellt, steht ruck-zuck in voller American Football Montur auf dem Feld und wird erst mal umgerannt! Also: soccer player.

Verhalten

In den Schulen wird korrektes Verhalten absolut eingefordert. Dies bedeutet nicht, dass die Schüler keinen Spaß hätten! Nein, man ist lediglich freundlich zueinander, begegnet sich höflich und respektvoll. Meistens, jedenfalls. Auch die Schuluniform *(school uniform)* trägt einen Teil dazu bei, wobei es immer weniger Schulen gibt, die eine Schuluniform verpflichtend haben. Einige haben eine Auswahl an T- und Sweatshirts, die dann getragen werden können, wann man möchte. Grundlegendes ist in der Schulordnung *(school regulations)* festgeschrieben, die du meistens auf der Homepage deiner Austauschschule finden kannst.

Morgens vor der Schule sorgt der stellvertretende Schulleiter *(deputy principal / deputy* [ˈdepjəti]*)* oft auf dem Schulhof *(schoolyard)* für Ordnung. Kommt ein Schüler zu spät, muss er sich bei der Schulsekretärin im Sekretariat melden.

Nachdem alle da sind, beginnt der Unterricht in den USA manchmal mit dem Pledge of Allegiance [ˈpledʒ əv əˈliːdʒəns]. Dabei schwören die Schüler im Stehen einen Treueeid auf die amerikanische Flagge. Es besteht wahrscheinlich Anwesenheitspflicht für dich. Du musst nicht mitmachen, aber aufstehen solltest du schon (sitzen zu bleiben wäre sehr unhöflich).

Während des Unterrichts ist kein Schüler auf dem Gang. Ist da doch jemand, wird er / sie sofort von einem Lehrer oder dem Schulleiter *(principal)* angesprochen. Erschrick also nicht, wenn dich jemand anspricht und dich fragt, wer du bist. Man unterstellt dir nichts Böses, es gehört einfach zu den Sicherheitsmaßnahmen *(security measures)* dazu.

Fehlverhalten

Zu Fehlverhalten wird grundsätzlich zu spätes Erscheinen zum Unterricht *(being late)*, Stören des Unterrichts *(disturbing class)*, Aggressionen und Beleidigungen gegenüber anderen Schülern und auch das bekannte Mobbing *(bullying)* gezählt. Was wir unter Mobbing verstehen, kennen Amerikaner als *bullying*. Dazu fragst du aber am besten deinen Austauschpartner, denn er / sie weiß besser Bescheid über die Dinge, die gerade an deiner Partnerschule ablaufen. Da bekommst du die Infos aus erster Hand!

Konsequenzen

Ähnlich wie an deutschen Schulen gibt es Maßnahmen, die ergriffen werden, wenn man sich daneben benimmt. Dies gilt auch für Austauschschüler, denn die Schulordnung gilt für alle. Die Sanktionen reichen von Strafarbeiten über Nachsitzen bis hin zum Schulverweis.

Redewendungen – Phrases

We don't tolerate bullying.	Mobbing wird nicht toleriert.
You have an attitude problem.	Du hast die falsche Einstellung / Haltung.
Please go to your classroom immediately.	Bitte geh sofort in dein Klassenzimmer.
I think I got lost. Can you tell me where room … is?	Ich glaub, ich hab mich verlaufen. Können Sie mir sagen wo Raum … ist?

Wörter – Words

school secretary	Schulsekretärin	Pledge of Allegiance	der Treueeid
office	Sekretariat	verbal slander	verbale Beleidigung
school regulations	Schulordnung	extra work	Zusatzaufgabe
aggressive behaviour	aggressives Verhalten	detention [dɪ'tenʃən]	Nachsitzen
to insult someone	jemanden beleidigen	expulsion [ɪk'spʌlʃən] from school	Schulverweis

Aktivitäten

Es gibt auch eine Menge schulischer Aktivitäten *(school-sponsored activities)*, an denen die Schüler teilnehmen können. Die verschiedenen Sportteams *(sport teams)* einer High School sind besonders beliebt und es ergeben sich sogar richtige Rivalitäten zwischen einzelnen Schulen. Und die *cheerleaders* gehören natürlich auch immer dazu! Solche Sportwettkämpfe *(competitions)* sind ein Highlight an der Schule.

Ein weiteres Highlight sind die *high school dances*, die meistens ein Mal pro Monat stattfinden. Dies ist eine hervorragende Gelegenheit, um mit anderen Schülern ins Gespräch zu kommen, was auch *socializing* ['soʊʃəlaɪzɪŋ] genannt wird.

Es gibt auch viele *clubs*, an denen man teilnehmen kann. Sie sind vergleichbar mit unseren Arbeitsgemeinschaften (AGs) an der Schule. Ob *math club*, *chess club* oder *debate team* – in diesen *clubs* lernt man viele Leute kennen und hat Spaß! Das Angebot kann jedoch von Schule zu Schule variieren, wie es auch bei uns der Fall ist.

Besonderheiten an manchen Schulen sind noch Dinge wie die Spirit Week, in der jeder Tag an der Schule ein Motto hat und es Tage wie den Pyjama Day, Halloween Day oder den Harry Potter Day gibt. An diesen Tagen sind alle dem Motto entsprechend verkleidet – sogar die meisten Lehrer! Irgendeine Besonderheit wird mit Sicherheit auch deine Austauschschule haben. Frag einfach deinen Austauschpartner!

The Prom

Im Laufe eines Schuljahres gibt es mehrere förmliche Bälle. Der *prom* ist der Höhepunkt! Kleinere Schulen haben einen, größere sogar zwei, nämlich den *junior* und den *senior prom* für jüngere und ältere Schüler.

Hier geht es nun sehr förmlich zu. Jungs tragen ein Jackett *(tuxedo* [tʌk'siːdoʊ] */ dinner jacket)* und üblicherweise eine Fliege *(bow tie)*. Mädchen tragen ein Abendkleid *(gown* ['gaʊn]*)* oder auch nur ein hübsches normales Kleid *(dress)*. Aber die Devise ist: protzig muss es sein. Alle sehen aus wie junge Prinzen und Prinzessinnen. Manche Leute mögen das kitschig finden, doch wenn man daran teilnimmt, sieht das ganz anders aus. Es wird getanzt, gegessen und gelacht.

Redewendungen – Phrases

That gown looks fantastic / awesome on you!	Das Abendkleid sieht fantastisch an dir aus!
That's too kitschy! I wouldn't buy it.	Da ist zu kitschig! Ich würde es nicht kaufen.
What are you wearing to the prom?	Was ziehst du zum Abschlussball an?
Who's your date for the prom?	Mit wem gehst du zum Abschlussball?
May I have the next dance?	Darf ich um den nächsten Tanz bitten?
May I have a seat at your table?	Darf ich mich zu dir an den Tisch setzen?

Wörter – Words

extracurricular ['ekstrə kə'rɪkju:lər] activities	außerschulische Aktivitäten / Veranstaltungen
to volunteer ['vɑ:ləntɪ:r]	sich freiwillig melden
prom	Abschlussball (an einer High School)
casual clothing	Freizeitkleidung

1) Schau nach!

Was kannst du über die letzten *proms* an deiner Austauschschule herausfinden. Dein Austauschpartner kann dir bestimmt dabei helfen.

1. Wer wurde *prom queen* oder *prom king*?

2. Was gab es zu essen?

3. Wo fand der *prom* statt?

4. Ist etwas Ungewöhnliches passiert?

2) Verbinde!

Sport ist ein *essential* (ein Muss) an einer amerikanischen Schule. Man braucht dafür einige Sportgeräte. Schläger ist nicht gleich Schläger. Was gehört zusammen?

1. baseball	a. racket
2. hockey	b. bat
3. tennis	c. paddle
4. table tennis	d. stick

3) Redewendung

Find heraus, was man sagt, wenn man am Beginn des Spiels „eine Münze werfen" möchte.

4) Change it!

An deiner Austauschschule gibt es viele Aktivitäten. *Football* ist was für Jungs und *aerobics* ist was für Mädchen? Quatsch! Deshalb jetzt alles mal durcheinander! Die Jungs gehen bitte mal in eine typische Mädchenaktivität und die Mädchen machen mal bei den Jungs mit. Bitte aber vorher mit dem *coach* absprechen, damit es keinen Stress gibt!

Lösungen:
1) Hierzu können wir natürlich keine Lösung vorgeben.
2) 1b, 2c, 3a, 4c
3) „Let's toss a coin." oder „Let's flip a coin."

Briefe schreiben

Wenn du einen Brief an einen Amerikaner oder nach Kanada schreiben möchtest, sollte das so aussehen:

Also:

- Datum oben rechts (USA: Monat – Tag, aber nach Kanada: Tag – Monat)
- Komma nach der Anrede und GROSS weiter schreiben!
- Verabschiedung meistens mit *Take care*, *Cheers*, *Yours* oder *Love* in der Umgangssprache, dann Komma und darunter der eigene Name. *Sincerly* benutzt man, wenn es formal sein soll.

Postkarten in die USA und nach Kanada kosten 1 € und Briefe 1,70 € Porto. Und wer freut sich nicht über richtige Post?

August 12th, 2007

Dear John,

Thanks for the letter you wrote and the photos of your brother. ...

...

...

...

Sorry, but I have to run.

Best wishes and write back soon.

Keep it cool,

Juliane

Briefe nach Deutschland

Briefkästen *(mail boxes)* sind in den USA blau und in Kanada meistens rot. Das macht sie zu Beginn fast unsichtbar. Wir suchen eben gelb. Das Wichtigste ist aber das Porto. Briefmarken gibt es bei der Post *(post office)*. Briefe und Postkarten nach Europa haben unterschiedliche Preise: Postkarten kosten 90¢ und Briefe zwischen 90¢ und $ 1.80 (je nach Gewicht).

Internet

Das Internet wird in amerikanischen Familien stark genutzt. Die User haben überwiegend DSL. Wenn du das Internet nutzen möchtest und deine Gastfamilie keinen Internetzugang haben sollte, gibt es viele andere Möglichkeiten.

Öffentliche Bibliotheken bieten beispielsweise einen kostenlosen Internetzugang *(internet access)* an. Ein weiterer Ort, an dem Internet zugänglich ist, sind viele Cafes, andere Büchereien und oft auch Einkaufszentren – hier jedoch hat man lediglich *wireless internet*. Die Cafes, wie auch Hotels, verlangen dann eine kleine Gebühr, wohingegen Bibliotheken keine Gebühr verlangen. Nachteil hierbei: Man braucht einen eigenen Laptop.

Redewendungen – Phrases

to surf the internet	im Internet surfen
I'd like to apply for a library card.	Ich möchte einen Bibliotheksausweis beantragen.
Do you need to see my student card / my ID?	Brauchen Sie (dafür) meinen Schülerausweis / Personalausweis?
I'd like to check my e-mails.	Ich möchte meine E-Mails abrufen.
May I use the Internet?	Darf ich ins Internet?

Wörter – Phrases

postage	Porto	business hours	Öffnungszeiten
stamp	Briefmarke	public library	öffentliche Bibliothek
air mail	Luftpost	international letter	Weltbrief (= Brief nach Europa)
fee	Gebühr		

Zuhause anrufen

Vorab: Die Landesvorwahl für Deutschland lautet „0049". Und man lässt von der Vorwahl die erste „0" weg (also von Berlin: 030 die „0" – dann bleibt „30" übrig).

In den USA und in Kanada funktioniert Telefonieren etwas anders. Es gibt die normalen Telefone zu Hause *(landline phone)*. An diesen Telefonen sind Ortsgespräche meist kostenlos. Für Ferngespräche kannst du von ihnen mit *prepaid phone cards* telefonieren. Diese kann man in Supermärkten, im Internet (s. Kap. *Links und Adressen*) und an Tankstellen kaufen. Mit einer gebührenfreien Nummer *(toll-free number)* kann man sich dann einwählen, die PIN von der Telefonkarte eingeben und danach nach Hause telefonieren. Vorteil: Kostet die Gastfamilie nichts. Du solltest es ihnen nur erklären, bevor du für zwei Stunden mit dem Telefon verschwindest …

Dann gibt es noch die *public phones*, die auch *phone booth* ['bu:ð / bu:θ] genannt werden. Das sind Telefonzellen. An diesen kostet ein Ortsgespräch 50¢ *(fifty cents)* und du kannst dann relativ lange telefonieren. Wenn du die „0" drückst, kannst du mit dem *operator* reden, der wahrscheinlich in einer Geschwindigkeit spricht, dass man nur Bahnhof versteht. Dann heißt es: Nachfragen! An den *public phones* kann man auch mit *prepaid phone cards* telefonieren, was aber 90¢ extra kostet.

Und es gibt natürlich auch Handys oder besser gesagt *cell phones / mobile phones*. Keiner nennt es Handy. Sie sind weit verbreitet und jeder hat eines. Wenn du dein eigenes Handy mitnehmen möchtest, solltest du die Tarife vorher abklären. Sonst können bis zu 4 € pro Minute anfallen! (s. Kapitel *Was muss mit?)*

Redewendungen – Phrases

Please deposit 50¢ for the first two minutes.	Bitte werfen Sie für die ersten zwei Minuten 50 Cent ein.
If you need operator assistance, please dial "0" (zero).	Wenn Sie Hilfe durch einen Telefonisten benötigen, wählen Sie bitte die „0" (Null).
If you want to make a phone call with your prepaid phone card from a public payphone, a payphone surcharge of 90¢ will apply. If you do not want to pay that surcharge, please hang up and use a local phone.	Wenn Sie mit ihrer Prepaid-Karte ein Gespräch von einem Münzfernsprecher machen möchten, kostet dies 90 Cent extra. Wenn Sie dies nicht bezahlen möchten, legen Sie bitte auf und verwenden ein Festnetztelefon.
Could you please speak slower? I don't speak English that well.	Könnten Sie bitte langsamer sprechen? Ich spreche nicht so gut Englisch.
Could I use your phone, please?	Dürfte ich bitte ihr Telefon benutzen?
I'd like to make a toll-free phone call with my prepaid phone card. You won't be charged for that.	Ich würde gerne ein gebührenfreies Telefonat mit meiner Prepaid-Karte führen. Das kostet Sie nichts.

Wörter – Words

handset	(Telefon-) Hörer
country code	Landesvorwahl
area code	Vorwahl
wireless phone	schnurloses Telefon (kein Handy)
collect-call	R-Gespräch
long distance call	Ferngespräch

! Im Notfall: Ein collect-call ist ein R-Gespräch bei dem der Angerufene zahlt. Der operator hilft. Teuer, aber sehr nützlich.

Generelles

Die Medien sind in den USA allgegenwärtig. Ob Zeitungen, Fernsehen, Internet oder Radio. Alles prasselt auf einen ein. Viele Amerikaspezialisten kritisieren dies. Bestimmt hast du auch schon in der Schule davon gehört, welche Macht die Medien in den USA haben. In Deutschland ist das noch nicht so ausgeprägt. Noch nicht.

Hier nun ein paar Infos, die dir den Weg durch den amerikanischen Medien-Dschungel ein wenig erleichtern sollen.

Zeitungen

In den USA gibt es viele Tageszeitungen *(newspapers)*. Das verwundert ja nicht. Wie du feststellen wirst, berichten diese Zeitungen überwiegend über die USA selbst. Europa und der Rest der Welt sind kaum vertreten. Solltest du aber Informationen über „die Heimat" benötigen, schau im Internet nach: z. B. unter www.faz.net oder www.sueddeutsche.de.

Es gibt auch sehr viele Zeitschriften *(magazine)*. Zu den Wichtigsten zählen die Time und die Newsweek. Für junge Leute gibt es Teen, Girl's Life Magazine, Cosmo Girl oder alle sonst üblichen Zeitschriften, wie Cosmopolitan, US Weekly, People oder Men's Health für die Jungs.

Die größten Tageszeitungen in den USA sind: USA Today, The Wall Street Journal, The New York Times, Los Angeles Times und The Washington Post. Die Wirtschaftsteile dieser Zeitungen sind hervorragend, der nationale Sportteil ist auch sehr gut und auch die Berichterstattung zur nationalen Politik ist prima. Für regionale Informationen sollte man jedoch eine lokale Zeitung kaufen.

Die Zeitschriften sehen prinzipiell so aus wie bei uns und bestehen zu einem Großteil aus Werbung *(advertisements)*. Aber man erfährt eben Klatsch und Tratsch *(gossip)* in rauen Mengen.

Fernsehen

Die größten privaten Sender der USA sind NBC, CBS, CNN und ABC. Die sind in etwa so wie unsere öffentlich-rechtlichen Sender. Man schaut aber andere Sender: MTV, ESPN (Sport Pay-TV), … – aber das lässt du dir am besten gleich von deinem amerikanischen Austauschschüler erklären. Wie auch bei uns wechseln die „In-Sender“ sehr schnell und die populärsten Sendungen sind oft von den Moderatoren *(**hosts** ['hoʊst])* abhängig.

Redewendungen – Phrases

What's on TV?	Was gibt es im Fernsehen?
The latest episode of … is on TV tonight.	Die aktuelle Folge von … wird heute Abend im Fernsehen gezeigt.
Have you got a TV guide?	Habt ihr eine Fernsehzeitung?
What channels can you get?	Welche Programme habt ihr?
My favorite show is …	Meine Lieblingssendung ist …

Wörter – Words

the tube*	die Glotze (TV)	independent television	privates Fernsehen
remote control	Fernbedienung	public television station	öffentlich-rechtlicher Fernsehsender
series	Serie	commercials	Werbung
episode	Folge	trashy magazine / tabloid ['tæblɔɪd]	Klatschpresse / Regenbogenpresse Regenbogenpresse
season	Staffel		

1) Kommunikation

1. Wo bekommst du eine *prepaid phone card*?

- ☐ a. an der Tankstelle
- ☐ b. im Supermarkt
- ☐ c. bei der Post
- ☐ d. im Internet
- ☐ e. in einer Bar

2. Wie hoch ist das Porto für eine Postkarte aus den USA nach Europa?

- ☐ a. 39 ¢
- ☐ b. 84 ¢
- ☐ c. 75 ¢

3. Welches sind die größten privaten Sender der USA?

- ☐ a. ABC
- ☐ b. BBC
- ☐ c. CNN
- ☐ d. CBS
- ☐ e. RAI
- ☐ f. NBC

2) Find's heraus!

Was ist die Lieblingssendung deiner Gastfamilie? Und was ist deine?

Show	Time	Channel

3) SMS-Action

Kannst du dieses Rätsel lösen? Dein Austauschpartner kann dir sicher helfen. Schreib den vollständigen SMS-Text auf.

"I wntd 2 go 2 NY 2C my bro, bt I dcdd 2 stay in LA, BC I wntd 2C my frnds again. What wr U doin in yr smmr brk??"

4) Und jetzt du!

Kannst du dir selbst eine lustige SMS überlegen, die mit Abkürzungen nur so gespickt ist?
Schreib einen SMS-Originaltext und die Auflösung auf:

! Eine SMS nennt man *text message* oder *text*.
Can you text me your address, please?

Lösungen:
1) 1. a, b, d; 2. c; 3. a, c, d, f
3) „I wanted to go to New York to see my brother, but I decided to stay in Los Angeles, because I wanted to see my friends again. What were you doing in your summer break?

Holidays

In den USA und Kanada leben viele unterschiedliche ethnische Gruppen, die alle ihre eigenen (oft religiösen) Feiertage haben. Je nachdem wo du bist, wirst du wahrscheinlich auch diese kennen lernen.

Die wichtigsten Feiertage in den USA sind der *Independence Day* (Unabhängigkeitstag) am 4. Juli (in Kanada wird er am 1. Juli gefeiert), *Thanksgiving* (Erntedankfest) am 4. Donnerstag im November und *Christmas* am 25. Dezember (der 26.12. ist in Kanada ein Feiertag und heißt dort *Boxing Day*).

Ansonsten gibt es natürlich noch viele andere Feiertage, wie Ostern *(Easter)*, den *Labor Day* (Tag der Arbeit) oder *Halloween*.

Es könnte sein, dass du Thanksgiving während deines Aufenthalts miterlebst. Vor dem Essen wird meist ein Gebet gesprochen *(Thanksgiving prayer)*. Das klassische Essen an diesem Tag ist Truthahn *(turkey)*, serviert mit einer Menge Beilagen. Dazu gehören Kartoffelbrei *(mashed potatoes)*, Süßkartoffeln *(sweet potatoes)*, eine süßliche Beerensoße *(cranberry sauce)* und die Füllung des Truthahns *(stuffing)* – Lecker! Es wird üblicherweise so viel gegessen, bis man sich nur noch zurücklehnen und relaxen kann. Viele essen nur wenig zum Frühstück und Mittagessen, damit mehr reinpasst …

Easter wird ähnlich unserem Ostern gefeiert. Man bemalt Eier und macht eine lustige Ostereiersuche, bei der Süßigkeiten und Eier versteckt werden. Natürlich gibt es auch hier ein üppiges Essen: oft wird *ham* (gekochter, geräuchter, ganzer Schinken) mit vielen Beilagen gegessen, jedoch hat dies nicht die gleiche Tradition wie der Truthahn zu *Thanksgiving*.

> Falls ein Feiertag mal auf einen Sonntag fällt, dann wird er entweder am vorhergehenden Freitag oder am darauffolgenden Montag „eingehalten" *(observed)*. So gibt's in jedem Jahr die gleiche Anzahl an arbeits- und schulfreien Tagen.

Schulferien

Das Schuljahr endet generell ab Mitte / Ende Juni. Dies hängt jedoch immer von der jeweiligen Schule ab. Die Schule beginnt wieder im Laufe der 1. Septemberwoche.

Ansonsten gibt es außer den Weihnachtsferien, die üblicherweise zwei Wochen lang sind, noch die Spring Break, die eine Woche lang ist, und die dreimonatige Sommerpause (Summer Break). Feiertage, die manchmal durch einen angehängten Tag verlängert werden, bilden in den zwei Halbjahren *(semester / terms)* eine kleine Verschnaufpause.

Redewendungen – Phrases

Let's dye some eggs.	Lass uns ein paar Eier färben.
to take part in an Easter egg hunt	bei einer Ostereiersuche mitmachen
Christmas comes but once a year.	*Vorsicht: Dieses Sprichwort hat nichts mit Weihnachten zu tun:* Es ist nicht alle Tage Sonntag

Wörter – Words

Christmas lights display	Weihnachtsbeleuchtung	Jack-o'-lantern	Kürbislaterne
gift / present	Geschenk	trick or treat	Süßes oder Saures
to be stuffed*	voll sein (mit Essen)	dish	Gericht
side dish	Beilage		

Familienfeiern

Neben den offiziellen Feiertagen werden auch andere Familienfeste gefeiert, je nachdem woher die Familie ursprünglich kommt. Typische Familienfeste sind beispielsweise Taufen *(baptisms)*, Beförderungen in der Firma, *Bar Mitzvah* Feiern (Aufnahme eines Jugendlichen in die jüdische Gemeinde) und natürlich Geburtstage. Letztere werden besonders intensiv gefeiert und es gibt interessante Bräuche. Dies hängt jedoch auch stark von der Region ab, in die du reist.

Geburtstage

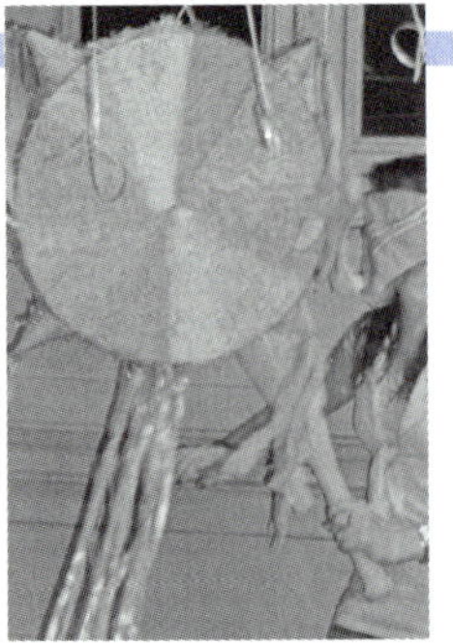

Hat man Geburtstag, so bekommt man Geschenke. Manche mögen dies so sehr, das sie sogar ihre „Halb-Geburtstage“ feiern! Das ist zwar nicht immer so – aber oft – meistens bei Kindern!

Neben den Geschenken gibt es noch einen Geburtstagskuchen mit vielen Kerzen drauf, die man dann – alle auf einmal – ausbläst. Danach wird der Kuchen, der überwiegend aus Zucker und … äääh … Zucker besteht, aufgegessen. Der Namenszug des Geburtstagskindes darf natürlich auf dem Kuchen auch nicht fehlen. Aus Zucker.

Während einer Geburtstagsparty spielt man viele Spiele, schaut Filme auf Video an, bastelt – und in den USA zerschlägt man eine *piñata.* Dies ist eine mit Süßigkeiten und kleinen Geschenken gefüllte Puppe oder Form aus Pappmaché. Sie wird an der Decke mit einer Schnur frei baumelnd befestigt. Abwechselnd darf dann jeder mit verbundenen Augen ein Mal auf die *piñata* mit einem Schläger drauf hauen, bis sie zerplatzt. Jeder bekommt dann etwas vom Inhalt ab. Dieser Brauch kam ursprünglich aus Südamerika oder Mexiko und ist heute in die US-Geburtstage voll integriert.

An Geburtstagen gibt es viel zu essen. Dies wird manchmal als *potluck dinner* veranstaltet. Dabei bringt jeder etwas zum Essen mit und es wird ein buntes Buffet daraus.

Redewendungen – Phrases

What are you giving your brother for his birthday?	Was schenkst du deinem Bruder zum Geburtstag?
I got a present from him.	Ich bekam ein Geschenk von ihm.
to celebrate your promotion	seine Beförderung feiern
to be blindfolded	verbundene Augen haben

Wörter – Words

half-birthday	„Halb-Geburtstag“
gift / present	Geschenk
birthday cake	Geburtstagskuchen
bat	Schläger (Baseball)
birthday child	Geburtstagskind
icing	Kuchenglasur
congratulations	Glückwünsche
candle	Kerze

1) Einfach lecker!

Welche sieben Gerichte eines *Thanksgiving dinner* sind in diesem Wortgitter versteckt? Vorsicht: Begriffe, die aus zwei Wörtern bestehen, wurden hier zusammen geschrieben. Manches ist auch rückwärts und / oder diagonal geschrieben!

E	S	S	T	U	F	F	I	N	G	O	S	E
C	E	W	E	M	M	U	A	T	A	A	M	A
U	O	E	R	T	O	N	Y	R	M	O	E	T
A	T	E	I	S	A	E	O	P	F	P	E	N
S	A	T	T	P	K	S	E	C	A	R	P	Y
Y	T	P	R	R	N	M	A	S	T	A	K	R
R	O	O	U	P	T	I	H	A	M	P	U	E
R	P	T	P	M	S	U	K	A	A	K	W	T
E	D	A	P	C	U	E	R	P	U	U	C	U
B	E	T	R	U	A	A	R	P	M	W	Y	R
N	H	O	I	O	P	P	E	Y	I	U	D	A
A	S	E	I	O	A	E	D	E	D	I	P	T
R	A	S	A	F	W	Y	W	U	A	A	P	R
C	M	A	O	F	I	D	U	U	I	U	G	N

2) Happy Birthday!

Frag deine Gastfamilie, was zum Geburtstag gut ankommt. Was sind jetzt gerade die *Top 10 birthday presents* in den USA? Schreib sie auf, damit du im Notfall nicht „im Regen stehst“:

____

____

____

____

____

____

____

____

____

____

____

____

____

3) Mach dich schlau!

Wähl einen Feiertag zur Zeit deines Aufenthaltes aus (s. Tipp-Box) . Mach dir hier ein paar Notizen zu Herkunft, Bedeutung, Rituale / Traditionen und Essen an diesem Feiertag.

Holidays 2008

Jan 1	New Year's Day	July 1	Canada Day (Kanada)
Jan 21	Martin Luther King Day (USA)	Jul 4	Independence Day (USA)
Feb 14	Valentine's Day	Sep 1	Labor Day
Feb 18	Washington's Birthday	Oct 13	Columbus Day (USA), Thanksgiving Day (Kanada)
Mar 10	Commonwealth Day (Kanada)	Oct 31	Halloween
Mar 21	Good Friday (Kanada)	Nov 11	Veterans Day (USA), Remembrance Day (Kanada)
Mar 23	Easter Sunday	Nov 27	Thanksgiving Day (USA)
Mar 24	Easter Monday (Kanada)	Dec 25	Christmas Day
May 19	Victoria Day (Kanada)	Dec 26	Boxing Day (Kanada)
May 26	Memorial Day		

Holidays 2009

Jan 1	New Year's Day	Jul 3	‚Independence Day' observed (USA)
Jan 15	Martin Luther King Day (USA)	Jul 4	Independence Day (USA)
Feb 14	Valentine's Day	Sep 7	Labor Day
Feb 16	Washington's Birthday (USA)	Oct 12	Columbus Day (USA), Thanksgiving Day (Kanada)
Mar 9	Commonwealth Day (Kanada)	Oct 31	Halloween
Apr 10	Good Friday (Kanada)	Nov 11	Veterans Day (USA), Remembrance Day (Kanada)
Apr 12	Easter Sunday	Nov 22	Thanksgiving Day
Apr 13	Easter Monday (Kanada)	Dec 25	Christmas Day
May 18	Victoria Day (Kanada)	Dec 26	Boxing Day (Kanada)
May 25	Memorial Day (USA)		
July 1	Canada Day (Kanada)		

Aktuelle Infos findest du z. B. hier: www.timeanddate.com/calendar

Lösungen:
1) pumpkin pie; stuffing; sweet potatoes; turkey; cranberry sauce; mashed potatoes; ham
2) Hier können wir keine Antworten vorgeben.

Kino, Konzerte, Theater

Die Kinos *(movie theaters)* in den USA und in Kanada sind den deutschen sehr ähnlich, jedoch gibt es einige Unterschiede. Wie auch bei uns findet man die Kinos oft am Rand des Stadtzentrums *(downtown)*, wo richtige „Kinopaläste" entstanden sind. In den USA nennt man sie auch *megaplex*, da sie meist 5 – 15 Kinosäle *(theaters)* umfassen. Manchmal sind sie auch einem Einkaufszentrum angeschlossen, damit man den Kinobesuch noch mit einem Einkaufsbummel oder einem Snack in einem der vielen Fastfood Restaurants verbinden kann.

Ein Tag in der Woche ist eigentlich immer *student day*. Wichtig: (Internationalen) Schülerausweis dabei haben!

Im Kino gibt es eine große Auswahl an *soft drinks*, *snacks* und *popcorn*. Für uns etwas ungewohnt: Popcorn ist grundsätzlich gesalzen.

Konzerte (Pop, Rock, Hip Hop, ...) sind in den USA sehr beliebt. Alle größeren Städte haben große Hallen und Arenen. Leider sind die Preise für Karten *(tickets)* oft etwas teurer als bei uns. Für die großen Stars sind bis zu $ 200 fällig.

Es gibt hier verschiedene Arten von Theatern. Es beginnt mit den Theatergruppen der Schulen *(drama group)*, die häufig bekannte Stücke vorspielen. Hierbei sind die Eintrittspreise nicht so hoch und man kann für $ 5 – 15 wirklich gute Stücke sehen. In den kleinen, privat geführten Theatern werden teils bekannte, teils unbekannte kleinere Stücke gespielt. Man muss hier mit $ 10 – 30 Eintritt *(admission)* rechnen. Die großen Theater und Opern haben ähnliche Preise wie bei uns. Für $ 50 – 200 kann man in Anzug oder Abendkleid (!) gekleidete Weltstars sehen.

Aktuelle Infos zu Konzertkarten findest du unter www.ticketmaster.com oder www.ticketmaster.ca.

Redewendungen – Phrases

Let's go catch a movie.	Lass uns ins Kino gehen.
What's showing at the movie theater today? / What's on at the movie theater today?	Was läuft heute im Kino?
The new Spielberg movie is now showing in the movie theaters.	Der neue Spielberg-Film läuft jetzt in den Kinos.
Could you tell me the showtimes, please?	Könnten Sie mir bitte die Anfangszeiten der Filme sagen?
first come, first served	„Wer zuerst kommt, mahlt zuerst."
I'd like to have a diet Coke / Pepsi.	Ich hätte gerne eine Cola / Pepsi Light.

Wörter – Words

performance	Vorstellung	blockbuster	„Kassenschlager"
concert hall	Konzerthalle	sold out	ausverkauft
chick flick*	typischer „Mädchenfilm"		

Was kostet der Spaß?

ticket admission	Eintritt	Zwischen $ 5 und 8 nachmittags, bis $ 10 abends.
discounts	Ermäßigung / Rabatt	Sehr unterschiedlich, jedoch leider nicht so häufig wie bei uns.
popcorn	Popcorn	Zwischen $ 2 *(small)* und $ 6 *(extra large)*.

Partys

Partys werden meistens in öffentlichen Einrichtungen wie Restaurants, Gemeindezentren oder anderen Freizeiteinrichtungen (z. B. *bowling center*) abgehalten, oder aber es wird zuhause gefeiert.

Das liegt daran, dass Jugendliche unter 21 (in Kanada meistens 19) keine Clubs besuchen und keinen Alkohol erwerben oder konsumieren dürfen. Also wird privat gefeiert – ohne Alkohol.

Solltest du dennoch die Möglichkeit haben, eine High School Party oder eine College Party mitzuerleben – viel Spaß! Dort wird es vielleicht sogar Alkohol geben. Am besten meidest du alkoholische Getränke, da es sonst in der Gastfamilie oder Schule Ärger geben kann. Im schlimmsten Fall droht der Ausschluss vom Austauschprogramm.

Da also nicht wie in Deutschland gefeiert werden kann, haben sich Alternativen zum *clubbing* herauskristallisiert:

Alternativen zu Clubs

- *High School Dances*: Sie finden üblicherweise in Räumlichkeiten der Schule statt. Die Schüler kaufen ein Ticket *(ticket)* für diese Veranstaltung, von dem dann DJ und Essen bezahlt werden. Oft sind diese *High School Dances* mit anderen Events gekoppelt, wie z. B. dem *prom* oder dem *homecoming.*
- *18 and Under Clubs:* Selten findet man auch diese Einrichtungen, in die man bereits ab 18 reinkommt. Manchmal spielen hier lokale Bands. Hier herrscht aber weniger Party-Stimmung, denn die Leute kommen hierher, um zu tanzen oder die Musik zu hören – es wird kein Alkohol ausgeschenkt.

Vorsicht!

Zunehmend werden Getränke auf Partys mit Drogen versetzt, um v. a. Mädchen gefügig zu machen. Deshalb behalt dein Getränk immer im Auge, trink nichts, bei dem du nicht gesehen hast wie es eingeschenkt, bzw. wie die Flasche geöffnet worden ist.

Sollte es zu einer Situation kommen, in der du dich bedrängt fühlst, dann sag dies auch. Ein eindeutiges „*NO!*", verstärkt durch ein „*Piss off!*" oder „*Get lost!*" hilft! Wobei du diese Ausdrücke nur in solch einer Situation verwenden solltest. In einer Gruppe bist du auf jeden Fall sicherer als alleine.

Redewendungen – Phrases

Piss off!*/Get lost!	Verpiss dich!*/Hau ab!
Watch out for spiked drinks!	Sinngemäß: Nimm dich in Acht, damit dir niemand was in dein Getränk tut
Please don't touch me!	Fass mich bitte nicht an.

Wörter – Words

entertainment facility [fəˈsɪlɪti]	Freizeiteinrichtung
clubbing	Clubs (Discos) besuchen
narcotic [nɑːrˈkɑːtɪk]	Betäubungsmittel (Alkohol, Drogen, ...)
spiked drink	mit Drogen angereichertes Getränk
homecoming	ein besonderes Fest, zu dem Ehemalige eingeladen werden, oftmals verbunden mit einem sportlichen Event (Footballspiel, Baseball o. ä.)
beverage	Getränk

Drogen

Die folgenden Erläuterungen sind abhängig von den jeweiligen Bundesstaaten und Provinzen. Ausführliche Infos zu jedem Bundesstaat gibt's bei der amerikanischen Botschaft.

Die USA hatten schon immer ein gespaltenes Verhältnis zu Drogen. Zu Beginn des 20. Jahrhunderts wurde Alkohol während der *prohibition* sogar ganz verboten. Auch heute noch ist Alkohol gesellschaftlich verpönt und quasi nicht existent. Jeder kennt das Bild vom Obdachlosen mit der Papiertüte *(paper bag)*, in der er seinen Fusel „versteckt". Auch nennen sich mittlerweile die meisten Restaurants *family restaurants* und schenken keinen Alkohol mehr aus. Solltest du dennoch auf einer Party mit Alkohol in Kontakt kommen, übertreib's nicht! Von der Polizei in den USA aufgegriffen zu werden ist kein Spaß!

Zigaretten dürfen – so wie hier auch – erst ab 18 gekauft und auch geraucht werden. Der Verkauf an jüngere Teenager ist illegal und wird mit Bußgeldern bestraft. Aber: Rauchen ist in den USA sowieso total uncool! Und das ist kein Gerede, denn generell wird das Rauchen den unteren gesellschaftlichen Schichten zugedacht.

Sex

Was, wenn du den Jungen oder das Mädchen deiner Träume triffst? Ist leider nicht so einfach. Da die Volljährigkeit in den USA erst mit 21 Jahren erreicht wird, wird man von der Gesellschaft mit 16 oder 17 Jahren eben noch als relativ jung angesehen. Zudem untersagen einige Austauschprogramme und amerikanische Schulordnungen sexuelle Beziehungen.

In den meisten Bundesstaaten ist Sex unter 16 Jahren per Gesetz verboten. Wenn also dein Traumprinz / deine Traumprinzessin noch keine 16 Jahre alt ist, solltest du dich in Zurückhaltung üben. Diesbezüglich hat die amerikanische Rechtsprechung nämlich wenig Verständnis.

Sollte dir jedoch die „große Liebe" begegnen, musst du für dich entscheiden, was du tust. Bedenk nur, dass es in einigen Tagen wieder zurück nach Hause geht. Aber wenn Sex, dann nur mit Kondom!

Redewendungen – Phrases

Can I bum a cigarette / smoke, man?	Hast du mir mal ne Kippe, Kumpel? (Bitte nur zu Freunden!)
Man, I got hammered / plastered at that party!*	Mann, ich hab mich an der Party ganz schön besoffen!
Can I invite you for a drink?	Darf ich dich auf ein Getränk einladen?
This one's on me!	Der geht auf mich!
Thank you, but I don't drink alcohol.	Danke, aber ich trinke keinen Alkohol.

Wörter – Words

to be wasted*	total betrunken oder high sein
to get laid*	flachgelegt werden*
rubber* / Jimmy hat*	Kondom
lighter	Feuerzeug
ashtray	Aschenbecher
PDA (public display of affection)	öffentliche, demonstrative Zuneigungsbekundung

Umgangssprache

Generell ist es mit Umgangssprache in den USA so: Man hört zu, sollte einiges vom Vokabular her oder aus dem Kontext verstehen können – aber erst mal nur das anwenden, von dem man auch weiß, dass es niemanden verletzt oder aggressiv macht. Hört sich kompliziert an, ist aber (manchmal) lebenswichtig. Denn ein Schwarzer sagt schon gerne mal zu einem anderen Schwarzen *What's up, nigga?** um ihn zu fragen „*Was geht?*". Macht man das unbedacht als Weißer in der Bronx (New York), so kann man ernste Probleme bekommen.

Man muss auch vorsichtig mit dem "British English" (BrE) sein – es gibt wesentliche Unterschiede gegenüber dem "American English" (AmE).

> **!** Eine Kippe ist im BrE *a fag*. Im AmE ist *fag** aber eine Schwuchtel**! Also bitte einfach: *a cigarette*!

Um wirklich in kein Fettnäpfchen zu treten, solltest du Umgangssprache nur vorsichtig benutzen und weiterführende Literatur „studieren", z. B. das „Wörterbuch der Jugendsprache" von PONS. Eine gute Internetadresse zum Thema ist z. B. www.urbandictionary.com.

Natürlich kann hier nur ein kleiner Einblick in das Thema gegeben werden, vor allem, weil sich die Begriffe und Wendungen auch sehr schnell verändern. Ein paar Basics sind:

Kraftausdrücke (Alternativen für das F-Word):

What the heck!*	Was zum Teufel!
friggin / freakin' good*	super gut
Fuck off!*	Hau ab! Vorsicht: Tonfall entscheidet! Selbst zuerst mal nicht verwenden!
Piss off!*	Abwarten, wie es die anderen verwenden!
Buzz off!*	Schwirr ab!
Oh my gosh!	Oh mein Gott! (So wird 'God' in diesem Zusammenhang vermieden.)

Freunde:

What's up?* / Whazzup?*	Was geht?
How's it hangin'?*	Wie geht es dir?

Schule:

Po-Po*	Polizei
dude ("Hey dude what's up?")*	Kumpel
to chill*	entspannen
brb (= be right back)	bin gleich wieder da
nice ride*	cooler Schlitten*
nerd / brainiac*	Streber
pizza face*	Pickelgesicht

1) Find's heraus!

Such mit deiner Gastfamilie so viele umgangssprachliche Ausdrücke wie möglich für die folgenden Wörter:

1. to party (feiern): ______________________________
2. to dance (tanzen): ______________________________
3. the movies (das Kino): ______________________________
4. friend (Freund): ______________________________

Nun wähl selbst drei Wörter aus und finde weitere Entsprechungen:

______________________ : ______________________________

______________________ : ______________________________

______________________ : ______________________________

2) Hey, du „Umgangssprachenprofi"!

Zeig, was du kannst und find die richtigen „Paare":

- ☐ 1. to be wasted*
- ☐ 2. to get laid**
- ☐ 3. rubber*
- ☐ 4. Po-Po*
- ☐ 5. dude*
- ☐ 6. to chill*
- ☐ 7. brb*
- ☐ 8. nice ride*
- ☐ 9. nerd*
- ☐ 10. pizza face*

a. Polizei
b. gleich wieder da sein
c. cooler Schlitten*
d. Kumpel
e. entspannen / relaxen
f. Pickelgesicht
g. total betrunken oder high sein
h. Streber
i. flachgelegt werden**
j. Kondom

3) Ask your exchange partner

Welche umgangssprachlichen Begriffe sind im Moment total "hip" und welche sind absolut "out"? Mach eine Liste und find deutsche Übersetzungen für die Begriffe:

IN	Deutsche Übersetzung	OUT	Deutsche Übersetzung

Lösungen:
1) mögliche Antworten: 1. a bash, 2. to boogie, 3. a flick 4. a homie
2) 1. g; 2. i; 3. j; 4. a; 5. d; 6. e; 7. b; 8. c; 9. h; 10. f

Öffentliche Verkehrsmittel

Generell ist die Situation mit öffentlichen Verkehrsmitteln *(public transportation)* eher schlecht. Lediglich Großstädte verfügen über eine gute Verkehrsinfrastruktur. Es gibt wenige Buslinien, die in ländliche Gegenden *(rural areas)* fahren. Man muss sich oft mit dem Auto bringen oder holen lassen.

Das ist aber i kein Problem, denn jeder hat ein Auto und man fährt damit auch überall hin. Ob zum drive-in der Bank, der Post oder der *pharmacy* – alles kann mit dem Auto erledigt werden. Unglaublich, aber wahr!

Wenn es mal weiter weg geht, fliegt man meistens. Unzählige Fluglinien haben einen derartigen Preiskampf entfacht, dass Tickets wirklich billig sind.

Der Greyhound® (Bus) fährt quer durch die USA, genauso wie die Eisenbahn Amtrak® oder VIA Rail® in Kanada. Das ist eine schöne Erfahrung, denn man kommt im Bus oder Zug sehr schnell ins Gespräch, da die meisten Menschen sehr offen und kontaktfreudig sind. Aus dem zunächst oberflächlichen *How are you?* kann schnell eine nette Unterhaltung werden.

In einer Großstadt findest du dieselben öffentlichen Verkehrsmittel wie bei uns. Ob subway, tram oder bus. Großstädte haben meist alles zu bieten – oft sogar noch Besonderheiten, wie die *Cable Cars* in San Francisco oder die *Monorail* in Seattle oder Miami.

Noch ein letztes Wort zu Ermäßigungen *(discounts)*: Es gibt keine einheitliche Regelung in den USA. Die Ermäßigungen in einzelnen Unternehmen variieren stark. Am besten ist es, wenn du nachfragst und einen internationalen Schülerausweis dabei hast.

Redewendungen – Phrases

Where's the next bus stop?	Wo ist die nächste Bushaltestelle?
How can I get to …?	Wie komme ich nach …?
Where are you headed?	Wohin fahren Sie?
I need a one-way / round-trip ticket to …	Ich brauche einen Einzelfahrschein / Rückfahrschein nach …
Is this a hop-on-hop-off ticket?	Kann ich mit dem Ticket mehrmals ein- und aussteigen? (z. B. beim Wechsel von Buslinien)
Can you give me a ride to the Peterson's house, please?	Könntest du mich bitte zu den Petersons fahren?
Can you drop me off on the way home / at the next stop?	Kannst du mich auf der Rückfahrt / an der nächsten Haltestelle absetzen?

Wörter – Words

destination	Fahrziel
(railway) car	(Eisenbahn) Wagon
to validate ['vælɪdeɪt] one's ticket	seinen Fahrschein entwerten
international Student ID	internationaler Schülerausweis
bus terminal	Busbahnhof
subway	U-Bahn (Achtung: im BrE ist das die Unterführung)
tram	Straßenbahn
stop	Haltestelle

Preise

In Amerika und Kanada sind die meisten Dinge ähnlich teuer / billig wie bei uns. Das bedeutet, wenn bei uns eine CD 15 € kostet, kostet sie auch dort meistens um die $ 15. Moment mal – Dann ist es doch gar nicht gleich, oder? Richtig! Der Wechselkurs *(exchange rate)* ist für uns Deutsche meistens ein Vorteil. Für 1 € bekommst du $ 1.40 und dann schaut die Rechnung viel besser aus: dann zahlt man für die CD nur noch ca. 10,60 € statt der 15 €.

Billiger sind z. B.: Klamotten, CDs, Fastfood, Elektronik (Vorsicht: Spannung!), Benzin

Teurer sind z. B.: Lebensmittel, Essen in Restaurants, Schminke, Hygieneartikel

Läden

Bei den meisten Geschäften handelt es sich um große Ketten. Der gemütliche New York Bagels, der so klein und einzigartig erscheint, ist beim näheren Betrachten eine Riesenkette – und die Geschäfte ähneln sich wie ein Ei dem anderen.

Was bekommst du wo?

Klamotten: z. B. bei GAP, Banana Republic, Abercrombie & Fitch, American Eagle Outfitters, Express

Sportartikel: z. B. bei Nike, Reebok, Adidas, Roots

Musik / Film: z. B. bei Virgin Megastore

Steuern

An der Kasse heißt es meistens *Tax is not included* und dann wird die Mehrwertsteuer *(sales tax / VAT)* noch auf den Preis draufgerechnet. Das sind meistens um die 9%. Manchmal ist es etwas weniger, manchmal etwas mehr. Man ist also gut beraten, wenn man auf den Preis beim *shopping* noch ungefähr 10% drauf rechnet.

Größen

Viele Größen stimmen mit unseren überein. Hosen beispielsweise werden mit der Taille *(waist)* und der Beinlänge *(leg)* gemessen – wie bei uns. Eine 32 / 32 (das sind jeweils *inches*) ist wohl die üblichste Größe bei Jungs. Andere Größen sind eher ungewohnt. Schuhe werden ebenfalls in *inch* gemessen. Volumen gibt es in *ounces* und in *cups*. Oberbekleidung dagegen gibt es in S, M, L und XL – und XXL und XXXL … Es gibt einfach für jeden etwas. Aber die Größen unterscheiden sich manchmal sehr von unseren. M ist nicht immer M so wie wir es kennen. Deshalb probier die Sachen auf jeden Fall an. Mehr Infos im Anhang ab S. 104.

Redewendungen – Phrases

Can I help you?	Darf ich Ihnen helfen?
No, thanks. I'm just looking.	Nein, danke. Ich schaue mich nur um.
How much is this pullover?	Wie viel kostet dieser Pullover?
I need a 9.5 (size of shoe). Do you have this pair of shoes in my size?	Ich brauche (Größe) 9.5. Haben Sie dieses Modell noch in meiner Größe?
No, sorry. This model is temporarily out of stock.	Nein, tut mir leid. Dieses Modell haben wir gerade nicht mehr im Lager.
Where are the dressing rooms?	Wo sind die Umkleidekabinen?

Supermarkt

Supermärkte ähneln denen in Deutschland in gewisser Weise – nur sind sie x-Mal so groß und man bekommt alles in ihnen. Sie liegen oft außerhalb der Stadt und sind deshalb oft nur mit dem Auto zu erreichen. Außerdem entsteht um sie herum ein kleiner, typischer „Mikrokosmos" mit einer Reihe von Fastfood Restaurants, Tankstellen *(gas stations)* und anderen Geschäften. Die Abteilungen heißen dann in den ganz großen *supermarkets*:

food (Lebensmittel), *apparel* [ə'perəl] (Bekleidung), *baby* (Kinder), *electronics* (Elektronik), *entertainment* (Unterhaltung), *home* (Einrichtung), *jewelry* (Schmuck), *pharmacy* ['fɑːrməsi] (Apotheke), *photo* (Foto), *sports* (Sportartikel) und *toys* (Spielwaren).

Einkaufszentrum

Ein besonderes Erlebnis werden die *shopping malls* ['mɔːl] sein. Man kennt ja Einkaufszentren, aber das hier ist Extra-Klasse! Eine große Anzahl von Geschäften *(shops)* und *foodcourts* sorgen für einen angenehmen Aufenthalt.

Ein anderes Highlight sind in den USA die *outlet centers*. Mittlerweile ist dieser „Fabrikverkauf" ja auch ein bei uns bekanntes Phänomen. Der einzige Haken ist: Es gibt vieles billig, aber leider gibt es nicht alles. Die aktuelle Kollektion wird meist nur im teuren Geschäft in *downtown* verkauft. Basics kann man aber gut und billig bekommen. Und Geschäfte wie Nike oder GAP haben immer genügend interessante Schuhe und Klamotten vorrätig.

Redewendungen – Phrases

Please pay at the register!	Bitte bezahlen Sie an der Kasse.
Excuse me, where are the restrooms?	Entschuldigen Sie, wo finde ich die Toiletten?
to squander ['skwɑːndər] money	Geld verprassen
The customer is always right.	Der Kunde ist König.

Wörter – Words

aisle ['aɪl]	Gang (im Supermarkt)
eatery*	Imbissstand
coupon ['kuːpʌn] booklet	Gutscheinheft
discount	Rabatt
sale	Ausverkauf

!

- Hol dir im *Outlet Center* bei der *Information* immer erst ein coupon booklet für $ 5! Damit bekommst du in fast allen Geschäften ordentliche Rabatte.
- Da der Umtausch *(exchange)* von Waren durch große Entfernungen schwierig sein könnte – kauf nur, was auch passt / gefällt! Ansonsten wird in Amerika alles anstandslos gegen Vorlage des Kassenbons *(receipt* [rɪ'siːt]) umgetauscht. Der Kunde ist König!

Kreditkarte

Eigentlich kann man in den USA und Kanada alles mit der Kreditkarte bezahlen und viele tun dies auch. Ob Tankstelle, Supermarkt oder der „99¢-Burger" im Fastfood-Restaurant.

Man sollte jedoch immer darauf achten, dass auf dem Beleg, den man unterschreibt, der richtige Betrag *(amount)* drauf steht. Wenn man im Restaurant mit einer Kreditkarte bezahlt, wird das Trinkgeld *(tip)* im Nachhinein handschriftlich auf den Beleg geschrieben. Bitte hier dann Trinkgeld eintragen oder bar auf dem Tisch liegen lassen. Aber natürlich kann man auch überall mit Bargeld bezahlen.

Reiseschecks

Ganz klarer Sieger der „Finanzrallye" sind die Travelers Checks. Das sind Schecks, die man vor der Abreise von der Bank oder einem Reiseveranstalter bekommen kann. Man unterschreibt sie einmal direkt bei der Bank und dann ein zweites Mal im Geschäft. Zusätzlich muss man noch den Personalausweis vorlegen, damit kein Missbrauch möglich ist. Vorteil hier: Man kann mit einem $ 50 T.C. etwas für $ 1 bezahlen und bekommt den Rest – also $ 49 – bar raus. Prima Sache um an Bargeld zu kommen. Und Diebe haben keine Chance!

EC-Karte

Auf der Suche nach Bargeld ist dies mittlerweile auch weit verbreitet: EC-Karten (*debit cards*). In Städten findet man immer öfters Geldautomaten (ATM), die neben VISA und Master Card auch EC-Karten akzeptieren (Achtung: deine EC-Karte sollte das Maestro Logo haben!). Gegen eine kleine Gebühr von ca. $ 2-4 bekommt man dann Bargeld. Oft haben deutsche Banken auch Partnerbanken in den USA und dort kann man dann sogar ohne Gebühren Geld am Automaten bekommen.

Währungsrechner

Einen Währungsrechner findest du z. B. unter www.oanda.com/converter/classic.

Aktuelle Umrechnungstabellen gibt's in jeder Bank.

Redewendungen – Phrases

Please sign the receipt here.	Bitte unterschreiben Sie den Beleg hier.
Do you accept credit cards / Travelers Checks?	Kann man hier mit Kreditkarte / Travelers Checks bezahlen?
There's a minimum amount of $ 10 for credit card payment.	Der Mindestbetrag für Kreditkartenzahlung ist $ 10.
Please slide your card.	Bitte ziehen Sie ihre Karte durch den Schlitz.
You need your PIN number for this transaction.	Für diese Transaktion musst du deine Geheimzahl eingeben.
Could you cash this check for me, please?	Könnte ich bitte für diesen Scheck Bargeld bekommen? (Bei der Bank.)

Wörter – Words

ATM	Geldautomat
bill	Rechnung, auch: Geldschein
change	Wechselgeld
cash	Bargeld

! Vorsicht beim Geldabheben! Bei Kreditkarten fällt eine hohe Gebühr *(commission)* für Bargeldauszahlungen an (ca. $ 10). Besser: Travelers Checks!

1) Kreuze an!

1. In welcher Abteilung eines Supermarktes findest du T-Shirts?

- ☐ a. home
- ☐ b. toys
- ☐ c. apparel
- ☐ d. jewelry

2. Wo findest du Musik CDs?

- ☐ a. electronics
- ☐ b. entertainment
- ☐ c. toys
- ☐ d. photos

3. Wie hoch ist die Mehrwertsteuer, die erst an der Kasse fällig wird?

- ☐ a. ca. 10%
- ☐ b. ca. 15%
- ☐ c. ca. 5%

4. Bei welchem Zahlungsmittel muss man mit hohen Zusatzgebühren rechnen?

- ☐ a. Bargeld
- ☐ b. EC-Karte
- ☐ c. Kreditkarte
- ☐ d. Travelers Checks

2) Finde das heraus.

Gehe in die pharmacy Abteilung eines Supermarktes und finde etwas gegen diarrhea [ˌdaɪəˈriːə].

Was ist das eigentlich? ______________________________

Und was kostet so etwas? ______________________________

3) Was sagst du in dieser Situation?

1. Du möchtest wissen, was eine Rückfahrkarte kostet.

____

2. Du möchtest wissen, ob du eine Ermäßigung bekommst.

____

3. Du möchtest ein T-Shirt umtauschen.

____

4. Du möchtest wissen, wo die Umkleidekabinen sind.

____

5. Du suchst eine Hose in einer anderen Farbe.

____

Safety in Numbers

Es gibt einen wichtigen Begriff, den du beachten solltest um sicher durch einen fremden Ort zu reisen: *Safety in Numbers*. Dieses Prinzip gilt nicht nur in der Großstadt, sondern auch in der freien Natur. Das heißt, dass du nie alleine unterwegs sein solltest und es sollte auch immer jemand wissen, wo du dich aufhältst.

Bekannte Städte wie New York, Vancouver, Toronto oder Chicago bieten viel Abenteuer; dazu gehört aber auch leider die Gefahr. Entdecke deine inneren *Street Smarts*: damit bezeichnet man die Fähigkeit intuitiv das Richtige zu tun, um sicher nach Hause zu kommen. Frag deine Gastfamilie ob es Gegenden oder Straßen gibt, die du und deine Freunde besser vermeiden sollten.

Halte dich an diese Empfehlungen und denke auch immer dran, die Telefonnummer und Adresse deiner Gastfamilie dabei zu haben, damit du zur Not immer ein Taxi nehmen kannst.

In den Nationalparks bestehen andere Gefahren. Schau einfach mal in das Internet nach Unwettermeldungen oder *Bear Warnings* bevor du mit deinem Wanderpartner losziehst.

Für weitere aktuelle Sicherheitsthemen kannst du auf die *Homepages* von Security and Prosperity of North America Partnership (www.spp.gov) oder World Travel Watch (www.worldtravelwatch.com) gehen und dich informieren.

Phrases-Redewendungen:

Are there areas I shouldn't walk through?	Gibt es Gegenden, die ich besser vermeiden sollte?
Excuse me. Where do I catch the nearest cab?	Entschuldigung, wo kann ich ein Taxi finden?
Zum Busfahrer: Would you tell me when we're at my stop?	Würden Sie mir bitte sagen, wann wir an meiner Haltestelle sind?
Be careful!	Sei vorsichtig!

Words-Wörter

mace	Pfefferspray (Gibt es auch gegen Bären)
Park Ranger	Park-Förster
injury	Verletzung
weather forecast	Wettervorhersage
thunder and lightning	Donner und Blitz
fog	Nebel
blizzard	Schneesturm

Notruf 911

Die allgemeine Notrufnummer *(emergency number)* für Polizei *(police)*, Krankenwagen *(ambulance)* und *Feuerwehr (fire department)* ist die 911 – diese gilt sowohl in den USA als auch in Kanada. Die Nummer kannst du von jedem Telefon und von jeder Telefonzelle aus kostenlos wählen *(dial)*.

Ein Telefonist *(operator / dispatcher)* am anderen Ende der Leitung wird dir einige Fragen stellen. Da du in solch einem Fall wahrscheinlich nervös bist, ist es hilfreich die nötigsten Angaben wie Adresse *(address)*, Zahl der Verletzten *(number of injured persons)*, Name des Gebäudes *(building name)* oder deinen Namen (um ihn besser buchstabieren zu können) auf einem Zettel aufzuschreiben. Des Weiteren ist es sinnvoll, dich schon vor dem Austausch noch einmal mit den Himmelsrichtungen *(directions)* vertraut zu machen. Gerade bei einem Unfall oder einem Verbrechen kann es Leben retten, wenn man mit den Himmelsrichtungen präzise Angaben zum Unfallort machen kann.

In der Regel ist die Polizei in den USA sehr präsent. Ob am Highway oder in einer Nebenstraße: Ein geparktes Polizeiauto *(police car)* gehört oft zum Straßenbild, nebst dem dazugehörigen Polizisten *(police officer / "cop")*. Wenn man ihnen mit Respekt begegnet, sind es sehr freundliche und hilfsbereite Menschen.

! Seit dem 11. September 2001 hat die Zahlenkombination 911 traurigerweise eine zweite Bedeutung neben der Notrufnummer bekommen. Auch die schrecklichen Anschläge auf das World Trade Center werden als „9-11" bezeichnet, da es am 11. September geschah, also „9-11". An diesem Tag wurde in kürzester Zeit so oft wie nie zuvor die Notfallnummer 911 gewählt.

Ausweis weg?

In diesem Falle solltest du dich so schnell wie möglich an die deutsche Botschaft wenden. Unter der Rufnummer (001)-202-298-8140 kann man dir dann weiterhelfen.

Falls du aus der Schweiz oder Österreich kommst, findest du Angaben zu deiner Botschaft im Anhang.

Redewendungen – Phrases

How can I help you?	Wie kann ich Ihnen helfen?
Which department do you need?	Welchen Notdienst benötigen Sie?
There's been an accident / burglary.	Es ist ein Unfall passiert / Es gab einen Einbruch.
There's a fire at …	Es brennt in / bei …
She's bleeding / not breathing.	Sie blutet / atmet nicht.
I'd like to report a crime.	Ich möchte ein Verbrechen melden.
My wallet / purse has been stolen.	Mein Portemonnaie / meine Handtasche ist gestohlen worden.

Wörter – Words

injured ['ɪndʒərd] / hurt	verletzt
(un)conscious ['kɑːnʃəs]	bewusstlos / bei Bewusstsein
thief / burglar	Dieb / Einbrecher
pickpocket	Taschendieb
first aid	Erste Hilfe
first-aid kit	Erste-Hilfe-Kasten
Police Station	Polizeiwache

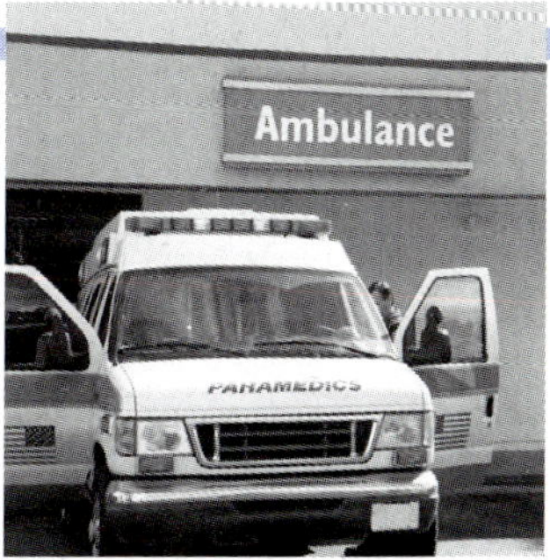

Unter *purse* versteht der Amerikaner eine *Handtasche*, für den Briten ist das jedoch das *Portemonnaie*!

Arzt

Vor deiner Reise solltest du eine Auslandskrankenversicherung abschließen und mit deinem Hausarzt sprechen. Der sollte dir im Falle chronischer Erkrankungen aufschreiben, welche Medikamente für dich wichtig sind. Da sie auf Englisch anders heißen werden, sollte er oder sie dir auch die Inhaltsstoffe *(active ingredients* [ɪnˈgriːdiənts]*)* aufschreiben. Zusammen mit diesen Infos und den Informationen zu deiner Krankenversicherung *(medical insurance information)* kann dann nichts mehr schief gehen.

Falls du krank werden solltest, gehst du einfach zum Arzt und die Krankenkasse zahlt dafür. Deine Gastfamilie hilft dir bei der Suche oder kann einen empfehlen. Lediglich eine Servicegebühr *("co-pay")* könnte anfallen, bei der $ 5 – 10 bezahlt werden müssen. Falls du bei einer privaten Krankenversicherung bist, erkundige dich, was versichert ist und wie es im Falle einer Erkrankung abgewickelt wird.

Bitte beachte auch Allergien gegen bestimmte Arzneimittel. Im Falle einer Penicillinallergie könnte dies schwerwiegende Folgen haben. Da die meisten medizinischen Fachbegriffe im Englischen vom Lateinischen abstammen, sind die Inhaltsstoffe meist auch lateinisch angegeben. Daher gibt es bei der Übersetzung meist keine Probleme.

Apotheke

Medikamente kannst du zu jeder Tages- und Nachtzeit in Apotheken *(pharmacies)* kaufen, die oft in einen Drogeriemarkt *(drugstore)* integriert sind. Überwiegend stehen Medikamente im Regal und man bedient sich selbst (z. B. leichte Schmerzmittel oder Erkältungsmedizin). Manchmal muss man auf das gewünschte Medikament warten, wenn es in der Apotheke selbst hergestellt wird. Man zieht eine Nummer, gibt das Rezept ab und kann dann nach einer gewissen Wartezeit das Medikament abholen. Allgemein lässt sich sagen, dass Apotheker, Apothekerinnen oder Angestellte einer Drogerie sehr hilfreich sind und sich bei der Behandlung einfacher und klassischer Krankheiten *(common ailments* [ˈeɪlmənts]*)* gut auskennen und dir gerne helfend zur Seite stehen. Beispiele für Apotheken und Drogerien sind Rite-Aid, Walgreens oder Bartell's – aber auch noch viele andere!

Redewendungen – Phrases

I'd like to pick up that medication.	Ich möchte dieses Medikament abholen.
Do you have a remedy for blisters?	Haben Sie ein Mittel gegen Blasen?
Please take a number and wait in line.	Bitte zieh eine Nummer und stell dich (hinten) an.
You can get the prescription filled on the way home.	Du kannst das Rezept auf dem Weg nach Hause abholen.

Wörter – Words

general practitioner [prækˈtɪʃənər]	Allgemeinmediziner
migraine [ˈmaɪgreɪn]	Migräne
house-dust (mite) [ˈmaɪt] allergy	Hausstaub(milben)allergie
drug allergy	Arzneimittelallergie
penicillin [ˌpenɪˈsɪlɪn] allergy	Penizillinallergie
pain relief / pain killer	Schmerzmittel
lozenge [ˈlɑːzɪndʒ]	Lutschtablette / Hustenbonbon / Pastille
antihistamine	Antihistamin (Allergie-Gegenmittel)
prescription medication	verschreibungspflichtige Medikamente
to fill a prescription	ein Rezept abholen
"over-the-counter"/ non-prescription drugs	rezeptfreie Medikamente

Notaufnahme

In den USA gibt es nur wenige Ärzte, die wie bei uns eine kleine Praxis haben und über das Stadtgebiet verstreut sind. Sie sind meist in Gemeinschaftspraxen organisiert, die man *Emergency Medical Services (EMS)* nennt. Diese *EMSs* findet man meist recht unscheinbar am Stadtrand oder in einem Industriegebiet gelegen. Beispiele für ein EMS ist American Medical Response oder auch die Rural / Metro Corporation. Oft tragen sie auch Namen wie Health Care oder ähnliches.

Der Arzt wird dich erst behandeln, wenn du recht umfangreiche Angaben zu deiner Person *(personal data / information)* gemacht hast. Solltest du auf dem Formular etwas nicht verstehen, sag dies bitte dem behandelnden Arzt. Bezahlt werden muss bar oder mit Kreditkarte. Dabei sollte dir dein Begleitlehrer oder die Austauschfamilie helfen.

Da du nicht alle Wörter zu Krankheiten kennen wirst und auch hier nur eine Auswahl gegeben werden kann, wäre es gut, wenn du ein Wörterbuch oder jemanden dabei hättest, der dir helfen kann (Begleitlehrer / Austauschpartner). Sollte dies aber nicht möglich sein – keine Panik! Ärzte behandeln oft ausländische Patienten, da in den USA viele Minderheiten vertreten sind, die nicht gut englisch sprechen. Und im Zeitalter des Internet können dort alle möglichen Krankheiten *(diseases* [dɪ'ziːzɪz], *illnesses)*, Symptome *(symptoms)* oder Medikamente *(drugs)* nachgeschlagen werden. Der Arzt hat immer Zugang zu einem Computer – du musst ihn nur um eine Übersetzung bitten.

Redewendungen – Phrases

I have a temperature.	Ich habe Fieber.
You should apply ice and elevate the affected area.	Du solltest die betroffene Stelle mit Eis kühlen und sie hochlegen.
If the symptoms persist, please see me again.	Wenn die Symptome anhalten, solltest du wiederkommen.
You can purchase that medicine with your prescription at the pharmacy on Ash Street.	Du kannst diese Arznei mit dem Rezept in der Apotheke an der Ash Street kaufen.
This is a potent drug, so please only take one capsule per day after lunch.	Dies ist ein starkes Medikament, deshalb nimm bitte nur eine Kapsel pro Tag nach dem Mittagessen.

Wörter – Words

health insurance ['helθ ɪn'ʃʊər^{ə}ns]	Krankenversicherung
injury	Verletzung
broken bone	gebrochener Knochen
flu	Grippe, auch: Magen-Darmgrippe
sprained ankle	verstauchtes Gelenk
a cold	eine Erkältung
to vomit ['vɑːmɪt] / throw up	sich übergeben
to puke*	kotzen*

Girls only

Für viele Mädchen sind ihre „Tage“ eine eher unangenehme Zeit. Doch damit der *monthly surprise* dich nicht unvorbereitet trifft, hier ein paar Tipps:

Hygieneartikel mitzunehmen ist schon mal ratsam. Dann ist alles weniger stressig.

Wenn du deine *period* bekommst, solltest du mit deiner *host mother* oder deiner Austauschpartnerin ruhig unter vier Augen darüber sprechen. Du kannst sie dann nach Dingen wie Tampons oder Damenbinden fragen. Etwas ungewöhnlich ist, dass Tampons oft einen *applicator* (Einführhilfe) haben.

Solltest du keinen Ansprechpartner finden, kannst du bei einem *drugstore* oder *supermarket* (z. B. Wal Mart, Target) die nötigen Artikel selbst kaufen. Man kann dort immer weibliche Mitarbeiter ansprechen, die sehr freundlich und hilfsbereit sind.

Solltest du wegen Unwohlseins die Schule nicht besuchen können, sage dort bitte den Lehrern Bescheid. Wenn es dir unangenehm sein sollte, sag einfach, du hättest deine *time of the month*. Sie wissen dann was los ist. Dasselbe gilt natürlich auch für Unternehmungen mit der Gastfamilie.

Oft sind die „Tage“ von Krämpfen begleitet. Dann empfiehlt es sich nach einem *hot pack* oder *warm heating pad* zu fragen. Hierfür gibt es unterschiedliche Bezeichnungen, aber man wird wissen was du brauchst. Sollte es zu schmerzhaft sein, kannst du deine Gastfamilie auch um ein Schmerzmittel *(pain reliever)* bitten. Das gibt es natürlich auch im Supermarkt. Nur bitte vorher fragen welches das Richtige sein könnte! Manche sind sehr stark, was sich negativ auf dich auswirken könnte.

Redewendungen – Phrases

I've got cramps. Could I call my host mom to pick me up?	Ich habe Krämpfe. Könnte ich meine Gastmutter anrufen, damit sie mich abholt?
I can't participate in class today. I've got my time of the month.	Ich kann am Unterricht nicht teilnehmen. Ich habe meine Tage.
I need some sanitary napkins.	Umgangssprachlich: Ich brauche ein paar Binden.
Excuse me, where can I find hygiene products?	Entschuldigen Sie, wo kann ich Hygieneartikel finden?
They're on aisle 12 on the left side.	Sie sind in Gang zwölf auf der linken Seite.

Wörter – Words

hygiene ['haɪdʒiːn] article	Hygieneartikel	cramp	Krampf
tampon	Tampon	hot water bottle / hot pack / warm heating pad	Wärmflasche
pad	Binde		

Beispiele für den Notfall:

- Tampons: z. B. Pearl® gibt es in der 20er Packung für ca. $ 5
- Binden: z. B. Always® gibt es in versch. Größen und Stärken für ca. $ 10
- Schmerzmittel: z. B. Women's Tylenol Menstrual Relief® speziell gegen Menstruationsschmerzen

Maße, Gewichte und Größen

Eines der letzten Länder der Welt, das das Dezimalsystem noch nicht übernommen hat, sind die USA: Daher hier einige nützliche Maße:

Länge:

1 inch	2,54 cm
1 foot	30,5 cm (= 12 inches)
1 yard	91,5 cm (= 3 feet)
1 mile	1,609 km
1 km	0,62 Miles

Gewicht:

1 ounce	28,35 g
1 pound	16 ounces = 453,59 g

Hohlmaß:

1 fluid ounce (fl.oz.)	0,03 Liter

Für weiter Maße und Gewichte könnt ihr im Internet viele Quellen finden, wie z. B. www.nyc-guide.de/allgemein/masse.html. Aber auch die Seiten der Botschaften haben entsprechende Links.

Größen

Körpergrößen werden immer noch in feet und inches angegeben. Also jemand, der „6 foot 5“ (inches) groß ist, ist 198 cm groß. Wie groß bist du? Hier eine Überblickstabelle. Du kannst deine genaue Größe natürlich selbst ausrechnen.

1,55 m	5'1" (five foot one)
1,60 m	5'3"
1,65 m	5'4"
1,70 m	5'6"
1,75 m	5'8"

Schuhgrößen:

Damen				
Deutschland	36	37	38	39
USA	5	6	7	8
Deutschland	40	41	42	
USA	9	10	11	

Herren				
Deutschland	39	40	41	42
USA	6	7	8½	9
Deutschland	43	44	45	46
USA	9½	10½	11	12

Vorsicht: Größen können durch Umrechnung von Inch in Zentimeter etwas variieren.

Temperaturen

In den USA werden die Temperaturen in „Fahrenheit" gemessen. 0 Grad Celsius entsprechen 32 Grad Fahrenheit (Gefrierpunkt, *freezing point*). 37 Grad Celsius entsprechen 98,4 Grad Fahrenheit (Körpertemperatur, *body temperature / blood heat*). Die Klimaanlage stellt man am besten auf 65 bis 68 Grad Fahrenheit ein, das sind 18 bis 20 Grad Celsius. Hier ist eine Umrechnungstabelle, damit du dich schneller zurecht findest:

°C:	-5	-3	0	5	10	15	20	25	30	37	38	39	40
°F:	23	26	32	41	50	59	68	77	86	98,4	100,4	102,2	104

Telefonieren: Kurzfassung

Zu Hause:
- Wählen
- Operator („0"): man sagt ihm die Nummer (kostet nichts extra)
- Prepaid phone card: toll-free number + area code + local number

Public phone:
- 50¢ für Ortsgespräche
- Ferngespräche: Nummer wählen, Anweisungen *(instructions)* für Gebühr abwarten, Geld einwerfen
- Operator: man sagt ihm die Nummer
- Prepaid phone card: toll-free number + area code + local number (kostet 90¢ extra)

Mobile / cell phone:
- Direkt aus Deutschland: Tri-Band! Gebühren und Netzbetreiber vorher abchecken!
- Deutsches Handy + Prepaid-Karte für Handys: Im Internet abchecken.
- Nordamerikanisches Handy: Gebühren abchecken, um Gastfamilie nicht zu ärgern

Links und Adressen

USA Infos:	http://www.us-infos.de
Kanada Infos:	http://www.www.kanada-entdecker.de
Deutsch-Amerikanisches Institut:	http://www.dai-tuebingen.de
American Public Transportation Association:	http://www.apta.com/links/state_local
Amtrak (Zug – USA):	http://www.amtrak.com
Greyhound (Bus – USA):	http://www.greyhound.com
Via-Rail (Zug – Kanada)	http://www.viarail.ca
Prepaid Phone Cards:	http://www.bestandsmart.pushline.com
USA Kulinarisch:	http://www.usa-kulinarisch.de
Fastfoodketten und Kalorieninfos:	http://www.calorie-counters.net
PONS (Online Wörterbuch):	http://www.pons.de
Chat- / SMS-Sprache:	http://en.wikipedia.org/wiki/SMS_language
Umgangssprache:	http://www.englisch-hilfen.de/words/informal1.htm
	http://www.urbandictionary.com

Deutsche Botschaft in den USA	Amerikanische Botschaft Berlin
4645 Reservoir Road N.W.	Neustädtische Kirchstraße 4-5
DC 20007 Washington D.C.	D-10117 Berlin
Telefon: 001-202-298-8140	Telefon: 0049-030-2385-174
http://www.germany-info.org	http://www.us-botschaft.de

Österreichische Botschaft in den USA	Schweizer Botschaft in den USA
3524 International Court N.W.	900 Cathedral Ave. NW
Washington D.C. 20008	Washington, DC 20008
Tel: +1-202-895 67 43	Tel: +1-202-745-7900
http://www.aussenministerium.at	http://www.eda.admin.ch

Deutsche Botschaft in Kanada	Kanadische Botschaft Berlin
1 Waverley Street	Leipziger Platz 17
Ottawa, Ontario K2P 0T8	D-10117 Berlin
Telefon: +1-613-232-1101	Telefon: +49-(0)30-20312-0
http://www.ottawa.diplo.de e-mail: germanembassyottawa@on.aibn.com	http://www.canada.de e-mail: berlin-cs@international.qc.ca

Österreichische Botschaft in Kanada	Schweizer Botschaft in Kanada
445 Wilbrod Street	5 Marlborough Avenue
Ottawa, Ontario ON K1N 6M7	Ottawa, Ontario K1N 8E6
Tel: +1-613-789-1444	Tel: +1-613-235-1837
http://www.aussenministerium.at/ottawa e-mail: ottawa-ob@bmeia.gv.at	http://www.eda.admin.ch/canada e-mail: ott.vertretung@eda.admin.ch

Stand Links und Adressen: Oktober 2007

Für dich wichtig!

Dein Anreisetag: ______________________________

Deine Gastfamilie

Adresse: ______________________________

Telefonnummer: ______________________________

E-mail: ______________________________

Deine Schule in den USA / Kanada

Name: ______________________________

Adresse: ______________________________

Website: ______________________________

Deine neuen Freunde / Freundinnen

Name	Adresse	Telefonnummer	E-mail

Dein Abreisetag: ______________________________

Bildnachweis

Seite 8 Karte USA: istockphoto.com / Eugene Ilchenko
Seite 10 Louisiana Quarter: fotolia.de / Michael Siller
Seite 11 Flagge USA: istockphoto.com / Stephen Dumayne
Seite 12 Freiheitsstatue: MEV Verlag Gmbh, Augsburg
Seite 16 Karte Kanada: Graphi-Ogre / GEOATLAS
Seite 18 Totempfahl: bigstockphoto.com / luckydog
Seite 19 Lacrosse: istockphoto.com
Seite 20 Niagarafälle: Kessler Medien
Seite 24 Karte Deutschland: fotolia.de / Hans Auer
Seite 33 Reisedokumente: istockphoto.com / Chad McDermott
Seite 37 Chinatown: pixelio.de
Seite 42 American Football: MEV Verlag Gmbh, Augsburg
Seite 43 Baseball: istockphoto.com / Friedman; Basketball: PhotoDisc / Getty Images
Seite 45 Freundinnen: istockphoto.com / Phil Date
Seite 47 Steak: fotolia.de / Helmut Niklas
Seite 48 Burger und Pommes: fotolia.de / Jean-luc Hennaux
Seite 49 Kind: Peter Metschar, Stuttgart
Seite 51 Familie: istockphoto.com / Sean Locke
Seite 53 Schulbus: fotolia.de / Michael Shake
Seite 59 Schulschild: Peter Metschar, Stuttgart; junges Paar: fotolia.de / Hannamaria
Seite 61 Football-Spielerin: istockphoto.com / Danny Hooks
Seite 64 Telefon: fotolia.de / Robert P. Mobley Jr.
Seite 70 Kürbis: fotolia.de / Jens Herrndorff
Seite 72 Pinata: Peter Metschar, Stuttgart
Seite 73 Kuchen: Peter Metschar, Stuttgart
Seite 76 Popcorn: fotolia.de / Steve Cukrov
Seite 86 Subway: fotolia.de / Larry Connelley
Seite 90 Supermarkt: fotolia.de / Eric Isselée
Seite 92 Bankautomat: istockphoto.com / Christine Balderas
Seite 96 Taxi: bigstockphoto.com / Maarigard
Seite 99 Krankenwagen: fotolia.de / Galina Barskaya
Seite 101 Apotheke: fotolia.de / Natalia Bratslavsky